David Ogilvy
Geständnisse eines Werbemannes

David Ogilvy

Geständnisse eines eines Werbemannes

Aus dem Englischen übertragen
von Armin Fehle

ECON

Titel der amerikanischen Originalausgabe:
»Confessions of an advertising man«
Originalverlag: Atheneum Publishers, New York
Übersetzt von Armin Fehle
Copyright © 1963 by David Ogilvy

Die Deutsche Bibliothek – CIP-Einheitsaufnahme

Ogilvy, David:
Geständnisse eines Werbemannes / David Ogilvy. Aus dem
Engl. übertr. von Armin Fehle. – Düsseldorf:
ECON Verl., 1996
Einheitssacht.: Confession of an advertising man ⟨dt.⟩
ISBN 3-430-17274-8

2. Auflage 1996
Copyright © 1991 der deutschen Ausgabe by ECON Executive
Verlags GmbH, Düsseldorf.
Alle Rechte der Verbreitung, auch durch Film, Funk und
Fernsehen, fotomechanische Wiedergabe, Tonträger jeder
Art, auszugsweisen Nachdruck oder Einspeicherung und
Rückgewinnung in Datenverarbeitungsanlagen aller Art,
sind vorbehalten.
Gesetzt aus der Garamond Stempel, Berthold
Satz: Dörlemann Satz, Lemförde
Druck und Bindearbeiten: Franz Spiegel Buch GmbH, Ulm
Printed in Germany
ISBN 3-430-17274-8

Inhaltsverzeichnis

Vorwort

Seit es vor fast 30 Jahren erschien, sind von diesem Buch weltweit mehr als eine Million Exemplare verkauft worden – wahrscheinlich mehr als von jedem anderen Buch über Werbung. In deutscher Sprache war es schon lange vergriffen. Nun kommen die *Geständnisse* neu heraus. So gut wie nichts ist verändert worden. Als David Ogilvys »Geständnisse eines Werbemannes« zu Beginn der sechziger Jahre erschien, sorgte dieses Buch schnell für Aufsehen. Im Nu mauserte es sich zum Klassiker der Werbeliteratur. David Ogilvy wird in diesem Jahre 80. Wie kann es sein, daß er noch immer einer Branche Impulse zu vermitteln vermag, die doch so augenscheinlich nur vom Ultimatum der Aktualität lebt? Abgesehen von jenen, die Werbung für nichts anderes halten als eine gutbezahlte Möglichkeit, sich selbst wichtig zu nehmen, wissen Werbeleute und ihre Auftraggeber nur zu gut, wie schwer es ist, in immer kompetitiveren Märkten Produkten und Marken zum kommerziellen Erfolg zu verhelfen. Und um nichts anderes geht es in der Werbung: Nur der Erfolg im Markt zählt, nichts sonst.

David Ogilvy kann uns hier noch immer und immer wieder die wertvollen Grundsätze aus seiner Erfahrung eines großen Lebenserfolges geben, denn wenig hat sich geändert an Gesetzen, die zu erfolgreicher Werbung führen. Bis heute ist denn auch seine Sinnbestimmung der Werbung des Credo von Ogilvy & Mather: »We Sell, or Else ...«

Daß Creativität, diese 20 Prozent Inspiration, aber 80 Prozent Transpiration, das so faszinierende Elixier der Werbung und ihres Erfolges ist, hat keiner nachdrücklicher unter Beweis gestellt als David Ogilvy. Es ist gut, sich auch gerade daran zu erinnern in einer Zeit, da einige Erscheinungsformen der puren Kapitalbetrachtung drohen, diese originäre Leistungsdimension technokratisch steuerbar machen zu wollen.

Vor allem deshalb auch sei dieses Buch gerade den Jüngeren einer besonders spannenden Berufswelt empfohlen. Es kann kein Zufall sein, daß einige junge Agenturgründungen mit herausragendem Erfolg sich besonders nachdrücklich auf David Ogilvys Grundsätze stützen.

Frankfurt/Main
im Frühsommer 1991

Lothar S. Leonhard
Hauptgeschäftsführer
Ogilvy & Mather

Vorgeschichte

Als Kind wohnte ich in Lewis Carrolls Haus in Guildford. Mein Vater, den ich sehr verehrte, war ein schottischer Hochländer und der gälischen Sprache mächtig. Er war ein humanistisch gebildeter Gelehrter und ein fanatischer Agnostiker. Eines Tages fand er heraus, daß ich anfing, heimlich in die Kirche zu gehen. »Mein lieber Junge, wie kannst du nur all diesen Unsinn glauben? Das ist alles ganz schön und gut für Dienstboten, aber nicht für gebildete Menschen. Es ist nicht unbedingt notwendig, ein Christ zu sein, um sich wie ein Gentleman zu benehmen!« Meine Mutter war eine schöne, etwas exzentrische Irin. Sie enterbte mich mit der Begründung, ich würde wahrscheinlich ohnehin in den Besitz von mehr Geld kommen, als mir guttäte. Ich konnte nicht widersprechen.

Im Alter von neun Jahren wurde ich in eine aristokratische Internatsschule nach Eastbourne geschickt – vergleichbar mit der *Do-the-boys Hall*, beschrieben in Charles Dickens' Buch *Nicholas Nickleby*. Der Rektor beschrieb mich folgendermaßen: »Er ist entschieden originell; neigt dazu, mit seinen Lehrern zu argumentieren, und versucht, sie zu überzeugen, daß er recht habe und der Inhalt der Schulbücher unrichtig sei; das ist wohl ein weiterer Beweis seiner Originalität.« Als ich einmal zu bedenken gab, Napoleon könnte Holländer gewesen sein, da sein Bruder

König von Holland war, wurde ich von der Frau des Rektors
ohne Abendessen zu Bett geschickt. Und als sie mich für die Rolle
der Äbtissin in der *Komödie der Irrungen* ankleidete, rezitierte ich
die Ansprache in meiner Auftrittsszene mit einem Nachdruck,
der ihr offensichtlich mißfiel; woraufhin sie mir eine Ohrfeige gab
und ich zu Boden fiel.

Mit dreizehn Jahren ging ich nach Fettes, einer schottischen
Schule, deren spartanische Lehrmethoden von meinem Großon-
kel, dem Lord-Richter Inglis, dem größten schottischen Verteidi-
ger aller Zeiten, festgesetzt waren. An dieser ausgezeichneten
Schule befanden sich unter meinen Schulfreunden die später
wohlbekannten Namen wie Ian Macleod, Miall Macpherson,
Knox Cunningham und andere zukünftige Parlamentarier. Von
meinen Lehrern erinnere ich mich hauptsächlich an Henry Ha-
vergal, der mich veranlaßte, Kontrabaß zu spielen, und an Walter
Sellar, den Autor von *1066 and All That* – ein Buch humoristisch
dargestellter historischer Ereignisse wie die Schlacht von Ha-
stings im Jahre 1066. Diese Anekdoten entstanden zu der Zeit, als
er mich Geschichte lehrte.

Oxford verpfuschte ich vollkommen. Der Historiker Keith Fei-
ling befürwortete mein Stipendium, das ich für Christ Church
gewonnen hatte. Ich verdanke auch viel Patrick Gordon-Walker,
Roy Harrod, A. S. Russell und anderen Studienleitern. Jedoch
hatte ich meine Gedanken keineswegs bei der Sache und wurde
daher ordnungsgemäß relegiert.

Das war im Jahre 1931, während des Höhepunktes der Weltwirt-
schaftskrise. In den folgenden siebzehn Jahren, während meine
Freunde sich als Ärzte, Rechtsanwälte, Beamte und Politiker
durchsetzten, wanderte ich durch die Welt, ohne eigentliches
Ziel. Ich war Koch in Paris, Handelsreisender, Wohlfahrtspfleger
in den Elendsvierteln von Edinburgh, Mitarbeiter von Dr. Gallup

bei Forschungsaufgaben für die Filmindustrie, Assistent von Sir William Stephenson bei der britischen Sicherheitskoordinierungsstelle und Farmer in Pennsylvania.

Der Held meiner Jugend war Lloyd George, und eigentlich wollte ich Premierminister werden. Statt dessen gründete ich in der Madison Avenue eine Werbeagentur. Die Einkünfte meiner neunzehn Kunden waren damals größer als die der Regierung Ihrer Britischen Majestät.

Max Beerbohm sagte einmal zu S. N. Behrman: »Wenn ich mit Reichtum gesegnet wäre, würde ich einen Werbefeldzug in allen bedeutenden Tageszeitungen starten. Die Anzeigen würden aus einem kurzen Satz, in gewaltig großen Buchstaben gedruckt, bestehen – einem Satz, den ich einmal einen Ehemann zu seiner Frau habe sagen hören: ›Meine Liebe, nichts auf der Welt ist wert, gekauft zu werden.‹«

Mein Standpunkt ist anders. Ich würde am liebsten beinahe alles kaufen, wofür geworben wird. Mein Vater pflegte von einem Produkt zu sagen, daß man über dieses *in den Anzeigen Gutes sage*. Ich verbringe mein Leben damit, Gutes über Produkte in Anzeigen zu sagen; und ich hoffe nur, daß Ihnen der Kauf dieser Produkte ebensoviel Freude bereitet wie mir die Werbung dafür.

Ich bin mir bewußt, daß ich gegen die derzeit in Amerika geltenden Gepflogenheiten verstoße, wenn ich das Buch in der etwas rückständigen Ich-Form schreibe. Es erscheint mir jedoch unnatürlich, *wir* zu schreiben, wenn ich *meine* Sünden und *meine* Erfahrungen gestehe.

Ipswich, Massachusetts   *David Ogilvy*

I

Wie leitet man eine Werbeagentur?

E ine Werbeagentur wird wie jedes andere schöpferisch tätige Team geführt – wie ein Forschungslaboratorium, eine Zeitschrift, ein Architekturbüro oder eine große Küche. Vor 30 Jahren war ich Koch im Hotel Majestic in Paris. Henri Soulé vom »Pavillon«[1] meint, daß es wahrscheinlich damals dort die beste Küche gab. In unserer Brigade waren 37 Köche. Wir arbeiteten wie die Derwische, 63 Stunden in der Woche – es gab keine Gewerkschaft. Von früh bis spät mühten wir uns ab, schimpften, fluchten und kochten. Wir alle waren nur von einem Ehrgeiz besessen, besser zu kochen als irgend jemand zuvor. Unser Korpsgeist hätte sogar der Marine als Vorbild dienen können.

Ich bin fest davon überzeugt, daß ich meine Werbeagentur nach denselben Grundsätzen führen kann, nach denen es Monsieur Pitard, dem Chefkoch, gelang, seinen Leuten eine solche weißglühende Begeisterung beizubringen.

Zunächst einmal wußten wir, daß er selbst der beste Koch in der ganzen Brigade war. Er war die meiste Zeit an seinen Schreibtisch gebunden, damit beschäftigt, Menüs zusammenzustellen, Rechnungen zu überprüfen und einzukaufen, aber einmal in der Woche verließ er seinen gläsernen Käfig in der Mitte der Küche,

---

[1] Berühmtes Feinschmeckerlokal in der 57th Street in New York.

um wirklich selber etwas zu kochen. Wir drängten uns immer um ihn, fasziniert von seiner Kunst, um ihm zuzusehen. Es begeisterte uns, für einen so überlegenen Meister seines Faches zu arbeiten.

(Ich folgte Chef Pitards Beispiel und schreibe auch heute noch gelegentlich Anzeigen selbst, um meiner »Brigade« von Textern zu zeigen, daß ich der alte geblieben bin.)

M. Pitard herrschte mit eiserner Strenge, und wir fürchteten ihn. Er saß in seinem Glaskäfig, der »Gros Bonnet«, die Autorität selbst. Wenn ich einen Fehler machte, schaute ich zuerst auf ihn, um zu sehen, ob er es mit seinen Luchsaugen bemerkt hatte. Köche arbeiten genau wie Texter immer in einer schrecklichen Hochspannung und neigen zur Streitsüchtigkeit. Ich bezweifle, ob es einem gutmütigeren Chef gelungen wäre, Tätlichkeiten bei unserem gegenseitigen Wetteifer zu verhindern. M. Bourgignon, unser Chef-Saucier, versicherte mir, daß ein Koch mit 40 entweder tot oder wahnsinnig sei. An dem Abend, an dem unser Chef-Potagier mir 47 rohe Eier quer durch die Küche an den Kopf warf, wobei neun Volltreffer zu verzeichnen waren, an dem Abend wußte ich, was er meinte. Seine Geduld war am Ende durch meinen Anschlag auf seinen Suppentopf, wo ich Knochen für die Pudel eines bedeutenden Gastes zu erbeuten suchte. Unser Chef-Patissier war nicht weniger exzentrisch. Jeden Abend wenn er die Küche verließ, hielt er ein Hühnchen in seinem Homburg versteckt. Wenn er auf Urlaub ging, ließ er mich zwei Dutzend Pfirsiche in die Hosenröhren seiner langen Unterhose stopfen. Aber wenn für den König und die Königin von England ein Galadiner in Versailles gegeben wurde, so war es dieses schrullige Genie, das aus all den vielen Patissiers Frankreichs dazu auserwählt wurde, die reichverzierten Zuckerbäckereien und die Petits Fours Glaces zuzubereiten.

M. Pitard war mit Lob sehr zurückhaltend, aber wenn er einmal unsere Arbeit lobte, so schwebten wir in himmlischen Sphären vor Glück. Sooft der französische Staatspräsident zu einem Bankett ins Majestic kam, war die Atmosphäre in unserer Küche spannungsgeladen. An einem dieser denkwürdigen Anlässe war ich gerade dabei, Froschschenkel mit einer weißen Chaud-Froid-Sauce zu garnieren und mit ausgesuchten Kerbelblättern zu verzieren, als ich bemerkte, daß M. Pitard neben mir stand und mir zusah. Vor lauter Angst schlotterten meine Knie, und meine Hände zitterten. Da nahm er seinen Bleistift aus der gestärkten Mütze und fuchtelte damit in der Luft herum, um die Brigade zusammenzurufen. Er zeigte auf meine Froschschenkel und sagte sehr langsam und sehr ruhig:»So wird's gemacht!«Von dem Tag an war ich ihm für den Rest meiner Tage unterwürfig ergeben. (Ich lobe heute meine Mitarbeiter genauso selten wie Pitard seine Köche und hoffe, daß auch sie das mehr schätzen als dauernde Lobpreisungen.)

M. Pitard gab uns ein Gefühl für besondere Anlässe. Als ich eines Abends ein Soufflé Rothschild zubereitet hatte (mit drei Likören, versteht sich!), erlaubte er mir hinaufzugehen, um durch eine Türspalte zuzusehen, wie Präsident Paul Doumer dieses Soufflé aß. Drei Wochen später, am 7. Mai 1932, war Doumer tot.[1] (Ich finde, daß meine Leute aus besonderen Anlässen einen ähnlichen Nutzen ziehen. Wenn sie für eine große Aufgabe Nächte hindurch arbeiten müssen, hält ihre Begeisterung noch wochenlang an.)

Unfähigkeit duldete M. Pitard nicht. Er wußte, wie abträglich es für Spitzenkräfte ist, neben Nichtskönnern arbeiten zu müssen. Drei Mehlspeisköche warf er innerhalb eines Monats wegen

---

1 Er ist nicht etwa an meinem Soufflé gestorben, sondern durch die Kugel eines irrsinnigen Russen.

desselben Vergehens hinaus: Sie brachten es nicht zustande, ihre Brioches gleichmäßig aufgehen zu lassen. Mr. Gladstone wäre von solchem Vorgehen sicher begeistert gewesen, denn er meinte, daß »ein Premierminister vor allen Dingen ein guter Schlächter sein müsse«. M. Pitard brachte mir einen ausgeprägten Sinn für Kundendienst bei. Als er zum Beispiel einmal hörte, wie ich einem Kellner sagte, daß das Tagesgericht gerade ausgegangen sei, hätte er mich deswegen beinahe hinausgeschmissen. In einer großen Küche, sagte er, muß man immer zu dem stehen, was man auf der Speisekarte versprochen hat. Ich entgegnete, daß es für den Gast viel zu lange dauern würde, bis das Gericht neu gekocht wäre. Ich weiß nach so langer Zeit natürlich nicht mehr, ob es unser berühmtes »Coulibiac de Saumon« war, ein kompliziertes Gericht aus Grätenmark des Störs, Grießkache, Lachsscheiben, Pilzen, Zwiebeln und Reis, in eine Pastete gerollt und 50 Minuten gebacken, oder ob es unser noch viel exotischeres »Karoly Eclairs« war, ein Gericht, gefüllt mit einem Püree von Waldschnepfeninnereien, die in Champagner gekocht waren, bedeckt mit einer braunen Chaud-Froid-Sauce und garniert mit Wildgelee, aber ich erinnere mich noch ganz genau, was M. Pitard damals zu mir sagte: »Wenn Sie wieder einmal sehen, daß das Tagesgericht zu Ende geht, so kommen Sie zu mir und melden es mir; ich werde dann so lange von einem Hotel und Restaurant zum anderen telefonieren, bis ich eines gefunden habe, das dieses Gericht auch auf der Speisekarte hat. Dann werden Sie ein Taxi nehmen, dorthin fahren und Nachschub bringen. Sagen Sie nie mehr einem Kellner, daß etwas ausgegangen sei.«
(Heute sehe ich rot, wenn jemand von Ogilvy, Benson & Mather sagt, daß wir ein Inserat oder einen Fernsehspot nicht zum versprochenen Termin fertigstellen können. In erstklassigen Fir-

men werden Versprechen immer eingehalten, egal, was es an
Anstrengung und Überstunden kostet.)
Kurz nachdem ich in M. Pitards Brigade eingetreten war, stand
ich einem Problem gegenüber, auf das mich weder mein Vater
noch meine Lehrer entsprechend vorbereitet hatte. Der Vorratschef schickte mich eines Tages mit rohem Bries, welches allerdings schon recht verdorben roch, zum Chef-Saucier. Es war mir
klar, daß das Leben von Gästen, die davon aßen, in Gefahr war,
da der wahre Zustand des Brieses durch eine Sauce überdeckt
war. Ich sagte das dem Vorratschef, aber er hieß mich tun, was
mir geheißen worden war. Er wußte, daß er in des Teufels Küche
kommen würde, wenn M. Pitard erführe, daß er nicht rechtzeitig
für neues Bries gesorgt habe. Guter Rat war teuer! Ich wurde in
dem Gedanken erzogen, daß es unehrenhaft sei, jemanden zu
denunzieren. Ich tat es trotzdem! Ich ging mit dem verdorbenen
Bries zu M. Pitard und bat ihn, daran zu riechen. Ohne auch nur
ein Wort zu sagen, ging er zum Vorratschef und warf ihn hinaus.
Der arme Teufel mußte auf der Stelle gehen.

In dem Buch *Down and Out in Paris and London* erzählt George
Orwell der Welt, französische Küchen seien schmutzig. Er hat
sicher nie im Majestic gearbeitet. M. Pitard war unheimlich
streng, wenn es darum ging, die Küche sauberzuhalten. Zweimal täglich mußte ich die Holzplatte der Speisekammer mit
einem scharfen Messer abschaben. Zweimal täglich wurde der
Fußboden gescheuert und mit frischem Sägemehl bestreut.
Einmal in der Woche suchte ein Ungeziefervertilger die Küche
nach Schaben ab, und wir erhielten jeden Morgen frische Ar-
beitskleidung.

(Heute bin ich so streng, wenn es darum geht, meinen Leuten
beizubringen, die Büros in ordentlichem Zustand zu halten. Ein
Durcheinander in einem Büro macht einen schlampigen Ein-

druck und führt außerdem dazu, daß vertrauliche Unterlagen verschwinden.)
Wir Köche verdienten sehr wenig, aber M. Pitard erhielt so hohe Provisionen von den verschiedenen Lieferanten, daß er es sich leisten konnte, in einem Schloß zu leben. Er dachte nicht daran, seinen Reichtum vor uns zu verbergen, nein, er fuhr mit dem Taxi zur Arbeit, trug einen Rohrstock mit goldenem Knauf und war privat wie ein internationaler Bankier angezogen. Diese offen zur Schau gestellten Vorrechte spornten uns an, ihm nachzueifern.
Der unsterbliche Auguste Escoffier machte es genauso. Vor dem Ersten Weltkrieg pflegte er, damals Küchenchef des Carlton in London, mit einer vierspännigen Kutsche zum Derby zu fahren, im grauen Frack und Zylinder. Für meine Kollegen war Escoffiers *Guide Culinaire* noch immer die absolute Autorität und letzte Instanz bei Streitfragen über Rezepte. Kurz vor seinem Tod kam er überraschend aus seiner Zurückgezogenheit in unsere Küche Mittag essen. Es war, als ob Brahms mit den Philharmonikern gespeist hätte.
Beim Mittag- und beim Abendessen stellte sich M. Pitard dorthin, wo die Köche die Gerichte an die Kellner übergaben. Jedes einzelne Gericht wurde von ihm inspiziert, bevor es die Küche verlassen durfte. Manchmal schickte er etwas an den Koch zurück, und stets ermahnte er uns, nur ja nicht zuviel auf die Teller zu geben:»pas trop!« Es war ihm daran gelegen, daß das Majestic Gewinn bringe.
(Heute sehe ich mir jede Kampagne an, bevor sie dem Kunden vorgelegt wird, und schicke auch manche zurück zum Überarbeiten. Ich teile auch M. Pitards Leidenschaft für Gewinn!)
Den größten Eindruck aber machte wohl M. Pitards Fleiß auf mich. Für mich waren die 63 Stunden Gebücktsein über einem

rotglühenden Herd schon so ermüdend, daß ich an meinem freien Tag meistens auf einer Wiese lag und in den Himmel schaute. Pitard aber arbeitete 77 Stunden in der Woche und nahm sich nur alle 14 Tage einen freien Tag. (Das ist etwa auch meine Tageseinteilung heute. Ich kam darauf, daß meine Mitarbeiter eher bereit sind, Überstunden zu machen, wenn sie sehen, daß ich selbst sogar noch länger arbeite als sie. Ein Mitarbeiter, der meine Agentur kürzlich verließ, schrieb in seinem Abschiedsbrief: »Sie bestimmen den Umfang der Hausarbeit, die wir machen. Man hat ein unangenehmes Gefühl, wenn man an einem Samstagabend im Garten neben Ihrem Haus eine Garden-Party veranstaltet, während Sie unbeweglich am Schreibtisch bei Ihrem Fenster sitzen, um zu arbeiten. So etwas spricht sich herum.«)

Noch etwas lernte ich im Majestic: Wenn Sie sich für einen Kunden unentbehrlich machen können, wird er Ihnen nie kündigen. Unser wichtigster Kunde, eine Amerikanerin, die eine Flucht von sieben Zimmern bewohnte, pflegte eine Diät, die auf einem gebackenen Apfel zu jeder Mahlzeit aufgebaut war. Eines Tages drohte sie, sie werde ins Ritz übersiedeln, wenn ihr Apfel nicht jedesmal aufgesprungen sei. Es gelang mir, zwei Äpfel zu backen, ihr Fleisch durch ein Sieb zu pressen (um alle Kerne und das Gehäuse zu entfernen) und dann das Fleisch beider Äpfel in die Schale eines Apfels zu praktizieren. Was dabei herauskam, war der üppigste gebackene Apfel, den unsere Kundin je gesehen hatte und der mehr Kalorien enthielt, als sie sich träumen ließ. Man ließ mir ausrichten, daß man dem Koch, der es verstehe, solche Äpfel zu backen, einen Orden verleihen sollte.

Mein bester Freund war ein nicht mehr ganz junger Argentinier, der eine verblüffende Ähnlichkeit mit dem verstorbenen Charles C. Burlingham hatte. Seine teuerste Erinnerung war der Anblick

Edwards VII. (Edward der Liebhaber), wie er nach zwei Flaschen
Entente Cordiale im Maxim majestätisch über den Gehsteig zu
seinem Wagen wallte. Mein Freund war Kommunist. Das störte
niemanden. Wogegen meine Nationalität viel mehr Aufsehen
erregte. Ein Schotte ist in einer französischen Küche ein ebenso
seltenes Tier wie ein Schotte in Madison Avenue. Meine Kollegen, die offenbar Schauergeschichten über meine Vorfahren in
den Highlands gehört hatten, tauften mich »der Wilde«.
In Madison Avenue aber wurde ich noch viel »wilder«. Es ist kein
reines Honiglecken, eine Werbeagentur zu leiten. Ich habe nun
immerhin 14 Jahre Erfahrung darin und kam zu dem Schluß, daß
es die wichtigste Aufgabe für den führenden Mann einer Werbeagentur ist, eine Atmosphäre zu schaffen, in der die seltenen
Vögel von creativen Mitarbeitern Brauchbares leisten können.
Dr. William Menninger beschreibt die Schwierigkeiten mit scho-
nungsloser Offenheit:

> Um in der Werbeagentur erfolgreich zu sein, müssen
> Sie eine creative Gruppe aufbauen, und das bedeutet
> eine Schar von überaus empfindlichen, hochbegab-
> ten, aber exzentrischen Individualisten. Wie ein Arzt
> haben sie natürlich Tag und Nacht Dienst. Dieser
> ständige Druck, unter dem führende Mitarbeiter
> einer Werbeagentur täglich stehen, bedeutet eine be-
> trächtliche physische und psychische Belastung. Ich
> meine den Druck, den der Chef auf den Kontakter
> ausübt, der Supervisor aber auf die creativen Leute.
> Und dann natürlich der ungleich stärkste Druck, den
> der Kunde auf sie alle ausübt.
> Ein besonderes Problem in einer Werbeagentur ist die
> Tatsache, daß jeder den anderen sehr genau beobach-

tet, um festzustellen, ob dieser, Gott behüte, früher
einen Teppich bekommt als er selbst, ob dieser früher
einen Assistenten erhält oder gar eine Gehaltserhö-
hung. Es kommt den Leuten dabei gar nicht so sehr
auf den Teppich, den Assistenten oder die Gehaltser-
höhung an als vielmehr darauf, zeigen zu können,
wie gut sie sich »mit dem Alten« verstehen.
Der Chef einer Werbeagentur wird immer notwendi-
gerweise eine Vaterfigur sein. Nun gehört es zum
Wesen eines guten Vaters, daß er zu seinen Kindern
oder zu seinen Mitarbeitern verständig, rücksichts-
voll und menschlich herzlich ist.

In den ersten Jahren unserer Agentur arbeitete ich mit meinen
Angestellten Schulter an Schulter. Kontakt und Herzlichkeit
waren leicht. Wie aber kann ich heute für Menschen einen Vater
darstellen, die mich kaum einmal gesehen haben? Meine Agentur
beschäftigt gegenwärtig 497 Mitarbeiter. Von diesen hat durchschnittlich jeder 100 Freunde, also insgesamt 49 700 Freunde.
Wenn ich nun allen meinen Leuten erzähle, was wir in der
Agentur machen, wie unsere Auffassungen sind und was unsere
Ziele, so werden sie es natürlich ihren 49 700 Freunden erzählen.
Das aber bedeutet 49 700 Anhänger für Ogilvy, Benson & Mather. Aus dieser Überlegung heraus bitte ich einmal im Jahr die
ganze Belegschaft ins Auditorium des Museum of Modern Art
und gebe ihnen einen ungeschminkten Bericht über unsere Unternehmungen, über den Gewinn und alles andere, was von
Bedeutung ist. Und dann sage ich auch, welche Einstellung ich
besonders bewundere:

1. Ich bewundere Menschen, die hart arbeiten und die zupacken. Aber ich kann jemanden, der sich von anderen aushalten läßt, nicht leiden. Es ist viel schöner, zuviel zu tun zu haben als zuwenig. Harte Arbeit birgt aber auch einen wirtschaftlichen Faktor: Je angestrengter wir arbeiten, um so weniger Angestellte brauchen wir, um so mehr Gewinn machen wir. Je höher aber unser Gewinn ist, um so mehr Geld bleibt für uns alle.

2. Ich bewundere helle Köpfe, denn ohne diese kann eine große Werbeagentur einfach nicht bestehen. Aber die Intelligenz allein genügt nicht. Intellektuelle Ehrlichkeit gehört auch dazu.

3. Ich habe eine Abneigung gegen Vettern und Eheleute in der Agentur. Sie verursachen nämlich nur Unruhe. Wenn zwei von meinen Leuten heiraten, dann muß einer gehen. (Wenn möglich die Frau, um sich um ihr Baby zu kümmern.)

4. Ich bewundere Menschen, denen ihre Arbeit Freude macht. Wenn Sie nicht gerne bei uns arbeiten, dann suchen Sie sich doch, um Gottes willen, einen anderen Posten. Denken Sie an das schottische Sprichwort: »Sei glücklich, solange Du lebst – Du bist lange genug tot.«

5. Ich verachte Speichellecker. Das sind meistens dieselben Leute, die ihre Untergebenen tyrannisieren.

6. Ich bewundere Menschen, die von ihrem Können überzeugt sind, die ihre Aufgaben brillant lösen. Diese respektieren immer die Leistungen ihrer Kollegen und sind nie unfair.

7. Ich bewundere Menschen, die sich Untergebene her-

anbilden, die so gut sind, daß sie einmal ihre Nachfolger werden können. Wenn einer so unsicher ist, daß er glaubt, nur minderwertige Mitarbeiter haben zu können, so tut er mir leid.

8. Ich bewundere Menschen, die ihre Untergebenen fortbilden, denn das ist der einzige Weg, um selbst aufzusteigen. Es paßt mir gar nicht, wenn wichtige Positionen mit Mitarbeitern besetzt werden müssen, die nicht in der Agentur groß geworden sind, und ich freue mich schon jetzt auf den Tag, an dem das nicht mehr notwendig sein wird.

9. Ich bewundere wohlerzogene Menschen, die ihre Mitmenschen menschlich behandeln. Streitsüchtige Leute sind mir verhaßt. Papierkrieg ist mir verhaßt. Der beste Weg, Frieden zu halten, ist Offenheit. Wie sagt doch Blake:
Ich war böse mit meinem Freund,
ich sprach mit ihm,
und mein Zorn verschwand.
Ich war böse mit meinem Feind,
ich sagte nicht warum,
und mein Zorn wuchs.

10. Ich bewundere pünktliche Menschen, die ihre Arbeit zeitgerecht abliefern. Der Herzog von Wellington ging nie nach Hause, ehe sein Schreibtisch nicht vollständig leer war.

Wenn ich meinen Mitarbeitern gesagt habe, was ich von ihnen erwarte, dann sage ich ihnen auch, was ich von mir selbst erwarte:

1. Ich bemühe mich, fair und entschlossen zu sein. Ich will, wenn notwendig, auch unpopuläre Entscheidungen treffen, um so um mich das Gefühl der Sicherheit zu verbreiten. Ich will mehr zuhören als sprechen.
2. Ich will den Schwung der Agentur erhalten, ihre Kraft, ihre Vitalität und ihren Tatendrang.
3. Ich versuche stets, neue Kunden zu gewinnen, um so die Agentur auszubauen. (Bei diesem Punkt erinnern mich die Gesichter meiner Mitarbeiter immer an kleine Vögel, die von ihrem Vogelvater das Futter erwarten.)
4. Ich bemühe mich, das Vertrauen der entscheidenden Männer bei unseren Kunden zu gewinnen.
5. Ich bemühe mich, viel Geld zu verdienen, um Sie alle vor Not im Alter bewahren zu können.
6. Ich plane auf weite Sicht.
7. Ich bemühe mich, die besten Mitarbeiter zu bekommen, um so das bestmögliche Team aufzubauen.
8. Ich versuche, aus jedem Mitarbeiter in der Agentur das Beste herauszuholen.

Wenn man eine Agentur leitet, so muß man über genügend Vitalität und Kraft verfügen, um sich nach Rückschlägen wieder aufzurappeln. Man muß mit seinen Mitarbeitern herzlich verbunden sein und Verständnis für ihre Schwächen haben. Man muß die Gabe haben, Streitigkeiten zu schlichten, und es bedarf eines sicheren Gefühls für die große Chance. Man muß stets auf die Geschäftsmoral bedacht sein. Es bedeutet für den Chorgeist der Mitarbeiter einen schweren Schlag, wenn sie sehen, wie sich ihr Chef vom Opportunismus leiten läßt.

Vor allen Dingen aber muß es der Leiter einer Werbeagentur verstehen, Aufgaben an seine Mitarbeiter zu übertragen. Das ist leichter gesagt als getan. Die Kunden mögen es gar nicht, wenn die Betreuung in die Hände von jungen Mitarbeitern gelegt wird. Es geht ihnen da genauso wie den Patienten in einem Krankenhaus, die es auch nicht gerne haben, wenn die Ärzte sie jungen Medizinstudenten anvertrauen.

Ich bin allerdings der Meinung, daß einige der großen Agenturen das Delegieren zu weit getrieben haben. Ihre Spitzenkräfte haben sich in die Verwaltung zurückgezogen und jeden Kundenkontakt dem Nachwuchs überlassen. Diese Methode schafft große Agenturen mit mittelmäßigen Leistungen. Ich habe durchaus nicht den Wunsch, einen ausgedehnten bürokratischen Apparat zu leiten. Das ist der Grund, warum wir nur 19 Kunden haben. Man gewinnt zwar weniger Geld, wenn man sich um Höchstleistungen bemüht statt um möglichst große Ausbreitung, aber man gewinnt dabei eine echte Befriedigung.

Das Delegieren von Aufgaben führt oft dazu, daß ein Mittelsmann zwischen dem Agenturchef und seine Mitarbeiter gestellt wird. In diesem Falle fühlen sich die Angestellten wie Kinder, deren Mutter sie der Obhut einer Kinderschwester überläßt. Aber sie überwinden den Schmerz der Trennung sehr rasch, wenn sie darauf kommen, daß die Kinderschwester geduldiger, zugänglicher und sachveständiger ist, als ich selber es war.

Mein Erfolg oder Mißerfolg als Chef einer Werbeagentur ist in erster Linie darauf zurückzuführen, daß es mir gelungen ist, Menschen zu finden, die große Kampagnen aufbauen können: Männer mit Schwung und Begeisterung. Die creative Tätigkeit ist bereits zum Gegenstand ernsthafter psychologischer Untersuchungen geworden. Wenn es gelingt, die charakteristischen Merkmale creativer Persönlichkeiten zu analysieren, so haben wir die Möglichkeit, junge Menschen auf ihre creative Eignung hin zu untersuchen und herauszufinden, in welchen das Zeug steckt, eine große Kampagne aufzubauen. Dr. Frank Barron vom Institute of Personality Assessment der Universität von Kalifornien kam auf Grund von Forschungen, die sich in dieser Richtung bewegten, zu Schlüssen, die sich mit meinen Beobachtungen decken:

> Creative Menschen sind besonders gute Beobachter, und sie schätzen genaue Beobachtungen, mit deren Hilfe sie die Wahrheit finden, weit mehr, als es gewöhnliche Menschen tun.
> Oft sagen sie nur halbe Wahrheiten, aber das um so lebhafter.
> Der Teil der Wahrheit aber, von dem sie sprechen, wird üblicherweise nicht erkannt. Sie verschieben die Akzente und versuchen durch offensichtlich falsche Behauptungen das herauszustellen, was üblicherweise nicht bemerkt wird. Sie sehen die Dinge so, wie die anderen sie sehen, aber manchmal auch so, wie die anderen sie nicht sehen.
> Sie haben von Geburt aus mehr Verstand. Sie haben die Gabe, sich mit vielen Ideen gleichzeitig zu beschäftigen und die Ideen miteinander zu vergleichen, um so eine wertvollere Synthese aufzubauen.
> Sie haben eine widerstandsfähige Natur und verfügen über außerordentlich große psychische und physische Kraftquellen.
> Ihre Vorstellungswelt ist reicher, und sie führen ein bewußteres Leben als andere Menschen.

Sie haben eine viel stärkere Bindung zum Unbewußten, zur Phantasie, zu Träumereien.[1]

Da ich darauf warten muß, bis Dr. Barron und seine Kollegen
ihre klinischen Untersuchungen in brauchbare psychologische
Tests umgießen, muß ich mich noch auf die etwas altmodische,
aber altbewährte Methode stützen, um creative Spitzenkräfte zu
finden. Wenn ich ein auffallendes Inserat oder einen besonderen
Fernsehspot sehe, so frage ich gleich nach dem Autor. Dann rufe
ich ihn an und gratuliere ihm zu seiner Arbeit. Eine Untersuchung zeigt, daß creative Menschen lieber bei Ogilvy, Benson &
Mather arbeiten als bei einer anderen Agentur, so daß meine
Telefonanrufe oft zu einer Stellenbewerbung in unserer Agentur
führen.

Ich bitte dann den Bewerber, mir seine sechs besten Inserate oder
Spots zu zeigen. So komme ich unter anderem auch darauf, ob er
in der Lage ist, eine gute Anzeige zu erkennen, oder ob er nur das
Werkzeug eines fähigen Vorgesetzten ist. Manchmal besuche ich
mein Opfer auch zu Hause. Schon nach zehn Minuten weiß ich,
ob er ein begabter Bursche ist, welchen Geschmack er hat und ob
er das Glück hat, einer starken Anspannung standzuhalten.

Jedes Jahr bekommen wir Hunderte von Bewerbungen. Die vom
Mittelwesten interessieren mich besonders, und ich würde lieber
einen strebsamen jungen Mann aus Des Moines anstellen als
einen hochbezahlten, aber unruhigen Mann aus einer eleganten
Agentur in Madison Avenue. Wenn ich mir diese Grand Sei-
gneurs anschaue, korrekt und kalt und ohne eigene Meinung,
muß ich immer an Roy Campbells *On Some South African
Novellists* denken:

1 *The Psychology of Imagination* by Frank Barron, Scientific American (September
1958).

Du liebst die kraftvolle Zurückhaltung,
mit der sie schreiben.
Da stimme ich Dir zu.
Sie wissen genau, wie man Zaum und Zügel hält.
Aber wo, um Himmels willen, ist das Pferd?

Meine besondere Aufmerksamkeit gilt Bewerbern aus Westeuropa. Einige unserer besten Texter sind Europäer. Sie sind wohlerzogen, sie arbeiten hart, sie sind weniger konventionell und objektiver in ihrer Art, den amerikanischen Verbraucher anzusprechen.

Die Werbung lebt doch von Worten, aber trotzdem sind viele Werbeagenturen voll von Leuten, die nicht schreiben können. Sie können keine Anzeigen verfassen, und sie können keine Pläne aufstellen. Sie sind so hilflos wie Taubstumme auf der Bühne der Metropolitan. Es ist traurig, daß die Mehrzahl der Menschen, die heute in der Werbung Verantwortung tragen (Agentur oder Kunden), so schrecklich konventionell sind. Das Geschäftsleben verlangt zwar hervorstechende Werbung, zeigt aber den Menschen, die sie bieten könnten, die kalte Schulter. Das ist der Grund, warum die meisten Anzeigen so entsetzlich langweilig sind. Albert Lasker verdiente 50 Millionen Dollar in der Werbung, weil er die grauenvollen Eigenarten seiner besten Texter, John E. Kennedy, Claud C. Hopkins und Frank Hummert, ertragen konnte.

Manche Mammutwerbeagenturen werden jetzt von einer zweiten Generation geleitet, die nur deshalb nach oben geschwemmt wurden, weil sie angenehme Kontakter waren. Durch Höflichkeit entsteht aber nie eine schlagkräftige Kampagne. Es ist eine traurige Tatsache, daß die Werbung heute trotz des ausgeklügelten Apparates einer modernen Werbeagentur nicht die Ergebnisse erzielt, die in den unterentwickelten Tagen von Lasker und Hopkins üblich waren. Unser Beruf braucht dringend eine Blutauffrischung durch Talente, und ich glaube, daß man Talente eher unter den Nonkonformisten, Einzelgängern und Rebellen findet als sonstwo.

Vor kurzer Zeit lud mich die Universität Chicago zu einem Seminar über creative Arbeit ein. Die meisten anderen Teilnehmer waren wohlbestallte Professoren der Psychologie, die von Berufs wegen das studieren, was sie »Creativity« nennen. Ich fühlte mich wie eine schwangere Frau auf einer Versammlung von Geburtshelfern, als ich ihnen über meine Erfahrungen als Chef von 73 Textern und Künstlern berichtete.

Um creativ zu sein, braucht man mehr als Verstand. Originelles Denken ist meistens nicht einmal in Worte zu fassen. Es gehört »ein tastendes Experimentieren mit Ideen dazu, geleitet von vagen Ahnungen und inspiriert vom Unbewußten«.

Die meisten Geschäftsleute können einfach nicht originell denken, weil sie das Joch der Vernunft nicht abschütteln können. Ihre Vorstellungsgabe ist begrenzt.

Mir gelingt es nur sehr schwer, logisch zu denken, aber ich kann die Leitung zu meinem Unterbewußtsein freihalten für den Fall, daß diese ungeordnete Fundgrube mir etwas zu sagen hat.

Ich höre viel Musik, und ich trinke gern ein Glas guten Whisky. Ich bade gerne lange und heiß, ich arbeite im Garten, und ich gehe gern in die Einsamkeit. Ich schaue den Vögeln zu, ich unternehme lange Spaziergänge und mache häufig Ferien, so daß sich mein Gehirn ausruhen kann, ohne Golf, ohne Cocktailpartys, ohne Tennis, ohne Bridge, ohne Konzentration, nur mit meinem Fahrrad.

Während ich mich so dem Nichtstun hingebe, empfange ich einen ständigen Strom von Telegrammen aus meinem Unterbe-

wußtsein, und diese sind das Rohmaterial für meine Anzeigen.
Harte Arbeit, Aufgeschlossenheit und eine nie befriedigte Neugierde sind allerdings auch noch notwendig. Viele der großen
Schöpfungen der Menschheit sind aus dem Wunsch nach Geld
entstanden. Als Georg Friedrich Händel in Geldnot war, schloß
er sich 21 Tage lang ein und kam wieder heraus mit der kompletten Partitur des *Messias* – ein Volltreffer. Nur wenige der Messias-
Themen waren ihm damals eingefallen. Händel zog sie aus seinem Unterbewußtsein hervor, wo sie lagen, seit er sie in Werken
anderer Komponisten gehört hatte oder selbst für seine eigenen,
inzwischen vergessenen, Opern komponierte.

Am Ende eines Konzerts in Carnegie Hall fragte Walter Dam-
rosch Rachmaninoff, was er denn gedacht habe, als er während
seines Konzerts ins Publikum starrte. »Ich habe die Zuschauer
gezählt«, war die Antwort.

Wenn ich als Student in Oxford für meine Arbeit bezahlt worden
wäre, so hätte ich sicher wahre Wunder an Weisheit vollbracht
und wäre Professor der Modernen Geschichte geworden. Erst als
ich am Geld in Madison Avenue gerochen hatte, begann ich
ernsthaft zu arbeiten.

In unserem modernen Geschäftsleben ist es sinnlos, ein creativer,
origineller Denker zu sein, wenn man sein Werk nicht auch
verkaufen kann. Man kann von einem Geschäftsmann nicht
erwarten, daß er eine gute Idee erkennt und würdigt, wenn sie
ihm nicht von einem guten Verkäufer präsentiert wird. Während
meiner 14 Jahre in Madison Avenue hatte ich nur eine großartige
Idee, die ich nicht verkaufen konnte (ich schlug International
Paper vor, die 26 Millionen Acre Wald der Allgemeinheit für
Camping, Fischen, Jagen, Wandern und Vogelbeobachtung zu
schenken). Ich war der Meinung, daß diese großartige Geste wie
die Carnegie-Bibliotheken und die Rockefeller-Stiftung als Akt

außerordentlicher Großzügigkeit in die Geschichte eingehen würde. Es war sicher eine sehr gute Idee, aber ich konnte sie nicht verkaufen.

Ich kam schließlich darauf, daß eine schöpferisch tätige Gemeinschaft, egal ob es ein Forschungslaboratorium, eine Zeitschrift, eine Küche in Paris oder eine Werbeagentur ist, nur dann Außerordentliches leisten kann, wenn eine überragende Persönlichkeit an ihrer Spitze steht. Das Cavendish-Laboratorium in Cambridge war berühmt wegen Lord Rutherford, The New Yorker wegen Ross, das Majestic wegen Pitard. Es ist nicht jedermanns Sache, in einem Atelier eines Meisters zu arbeiten, da das Gefühl der Abhängigkeit an manchen Menschen so lange nagt, bis sie zum Schluß kommen,

> selbst zu regieren ist jede Anstrengung wert,
> sogar die Hölle.
> Besser in der Hölle regieren als im Himmel
> dienen.

So verlassen sie mich denn, um darauf zu kommen, daß sie das Paradies verloren haben. Wenige Wochen nachdem einer von diesen bedauernswerten Leuten von mir weggegangen war, schrieb er mir:

> Ich war darauf vorbereitet, traurig zu sein, wenn ich Ihre Agentur verlassen würde. Was mich aber wirklich überkam, war die Verzweiflung. Ich fühlte mich in meinem ganzen Leben noch nie so betrogen. Das ist offenbar der Preis, den man für den Vorzug, einer Elite angehört zu haben, bezahlen muß. Und diese Elite ist so klein.

Immer wenn ein guter Mann weggeht, fragen sich die anderen nach dem Grund, und üblicherweise nimmt man an, daß er von der Geschäftsleitung schlecht behandelt wurde. Erst kürzlich gelang es mir, dieses Mißverständnis zu vermeiden.

Als mein junger Cheftexter kündigte, um Vice Chairman einer anderen Agentur zu werden, tauschten wir Briefe aus, fast so, als ob ein Minister dem Premierminister seinen Rücktritt erklärte. Diese Briefe haben wir dann in unserer Hauszeitschrift abgedruckt. Der teure Abtrünnige schrieb mir:

> Ihnen verdanke ich es, daß ich in die Werbung ging. Sie haben mich entdeckt und mir gezeigt, wieviel ich noch nicht weiß. Einmal sagten Sie mir, daß ich Ihnen eigentlich Schulgeld für alle diese Jahre hätte zahlen sollen, und da haben Sie sicher recht.

Ich antwortete freundlich:

> Es war großartig, Ihnen zuzusehen, wie Sie in 11 kurzen Jahren vom Anfänger zum Cheftexter heranwuchsen. Sie haben manche von unseren besten Kampagnen verfaßt.
>
> Sie haben hart und schnell gearbeitet. Ihre Vitalität und Ihre Kraft ließen Sie ruhig und fröhlich bleiben – ansteckend fröhlich, trotz aller Schwierigkeiten, mit denen ein Cheftexter fertig werden muß.

Nur wenige große, creative Menschen sind angenehme Menschen. Meistens sind sie mürrische Egoisten und eigentlich Menschen, die in der modernen Gesellschaft nicht sehr gerne gesehen werden. Denken Sie an Winston Churchill. Er trank wie ein Fisch, er war launisch und eigenwillig. Wenn man ihm widersprach, wurde er bockig. Dummköpfen gegenüber war er grob. Er war auch recht überspannt und konnte wegen des geringsten Anlasses weinen. Er war unnachsichtig gegen seine Mitarbeiter, und doch konnte Lord Alenbrooke, sein Stabschef, von ihm schreiben:

> Die Jahre, die ich mit ihm zusammengearbeitet habe, waren für mich die schwersten meines Lebens, aber ich werde sie nie vergessen. Ich danke Gott, daß es mir vergönnt war, mit einem so einmaligen Mann zu arbeiten, und daß ich sehen konnte, daß es auch heute noch von Zeit zu Zeit solche überragende Persönlichkeiten auf unserer Welt gibt.

II

Wie man Kunden gewinnt

Vor 15 Jahren war ich ein unbekannter Tabakpflanzer in Pennsylvania. Heute leite ich eine der besten Werbeagenturen der Vereinigten Staaten, mit einem Umsatz von jährlich 55 Millionen Dollar, zahle an Gehältern 5 Millionen Dollar, und wir haben Büros in New York, Chicago, Los Angeles, San Francisco und Toronto. Wie kam das alles? Als ich im Jahre 1948 mein Firmenschild aushängte, erließ ich folgenden »Tagesbefehl«:

> Wir sind eine neue Agentur, die um ihr Leben kämpft. Wir werden eine Zeitlang überarbeitet, aber unterbezahlt sein.
>
> Wir wollen hauptsächlich junge Leute beschäftigen, und wir suchen junge Besessene. Für Speichellecker oder Schreiberlinge habe ich keinen Platz. Ich suche Männer mit Hirn.
>
> Agenturen sind so groß, wie sie es verdienen. Wir fangen klein an, aber wir werden diese Agentur noch vor 1960 zu einer großen gemacht haben.

Am nächsten Tag schrieb ich mir die Kunden auf, die ich mir wünschte: General Foods, Bristol Myers, Campbell Soup, Lever Brothers und Shell.[1]

---

1 Gerade solche Kunden sich vorzunehmen war damals der reine Wahnsinn. Später waren alle fünf Kunden von Ogilvy, Benson & Mather.

In den Gründerjahren der Werbeagenturen war es nicht unge-
wöhnlich, daß Firmen dieser Größenordnung gänzlich unbe-
kannte Agenturen beschäftigten. Der Chef einer Mammutagen-
tur bewarb sich um den Camel-Zigaretten-Etat und versprach
dem Kunden, 30 Texter allein dafür einzusetzen. Aber R. J. Rey-
nolds antwortete als kluger Mann: »Wie wäre es mit einem
guten?« Dann gab er seinen Etat einem jungen Texter namens Bill
Esty, dem er 28 Jahre lang treu blieb.
1937 gab Walter Chrysler den Plymouth-Etat an den damals
32 Jahre alten Sterling Getchel. 1940 gab Ed Little den größten
Teil des Colgate-Etats an einen unbekannten Mann namens Ted
Bates. General Foods ging zu Young & Rubicam, als diese Agentur erst ein Jahr alt war. Als John Orr Young, einer der Gründer
von Young & Rubicam, in Pension gegangen war, empfahl er, bei
der Auswahl einer Agentur folgendes zu beachten:

> Wenn Sie Glück haben und ein paar junge Leute
> finden, die die Energie und den Mut haben, ein ei-
> genes Geschäft zu gründen, so wird es für Sie von
> Vorteil sein, wenn Sie sich diese unschätzbaren Eigen-
> schaften zunutze machen.
> Man wird nur zu leicht von einem Wald von
> Schreibtischen, Abteilungen und dem anderen, was
> zu einer großen Agentur gehört, getäuscht. Das
> einzige, was wirklich zählt, ist die Durchschlags-
> kraft einer Agentur und ihre creativen Fähigkeiten.
> Viele Erfolge wurden im Geschäftsleben von Leu-
> ten erzielt, die sich die Ambition und Energie einer
> Werbeagentur zunutze machten, die noch im Auf-
> bau war und sich erst einen Ruf schaffen mußte.
> Diese großen Kunden suchten sich ihre Agenturen

zu einem Zeitpunkt aus, als diese noch hart um ihre
Existenz kämpfen mußten.[1]

Als ich auf der Bildfläche erschien, waren die großen Werbungtreibenden schon etwas vorsichtiger geworden. Gott hatte sich
auf die Seite der großen Heere geschlagen. Stanley Resor, der seit
1916 J. Walter Thompson leitete, warnte mich: »Die Zusam-
menballung der Industrie in große Konzerne hat ihr Spiegelbild
auch in der Werbung. Die großen Etats verlangen nun einen so
vielseitigen Service, daß nur ein ganz große Agentur dem ge-
wachsen ist. Warum geben Sie Ihre unrealistischen Träume nicht
auf und kommen zu J. Walter Thompson?«
Für neue Agenturen, die gerade dabei sind, ihre ersten Kunden zu
gewinnen, weiß ich ein probates Mittel, das mir in meinen Anfängen viel genützt hat. Ich bat Kunden, auf die ich es abgesehen
hatte, einmal über den Lebenslauf einer typischen Agentur nachzudenken, über die unvermeidliche Folge von Aufstieg und Nie-
dergang, über die Wandlung von Dynamit in trockenen Staub:

> Alle paar Jahre entsteht eine neue große Agentur. Sie
> ist ehrgeizig, arbeitet wie besessen und ist voller Dy-
> namit. Sie bekommt ihre Kunden von alten Agentu-
> ren. Sie leistet Großartiges.
> Jahre gehen dahin, die Gründer werden reich und
> müde, ihr creatives Feuer erlischt, so wie bei einem
> erloschenen Vulkan.
> Die Agentur kann trotzdem gedeihen. Ihre ursprüng-
> liche Schwungkraft ist noch nicht ganz dahin. Sie hat
> mächtige Kontakte, aber sie ist zu groß geworden.

1 John Orr Young, *Wege zum Werbeerfolg*, Girardet.

Die Kampagnen, die sie herausbringt, sind langweilig
und Routinearbeit. Ein Abklatsch der Siege von früher. Der Verfall setzt ein. Nun wird großer Wert auf
vielseitigen Service gelegt, um zu verbergen, daß die
Agentur creativen Bankrott gemacht hat. Zu diesem
Zeitpunkt beginnen die Etats abzubröckeln, sie verliert Kunden an neue Agenturen, an unbarmherzige
Himmelstürmer, die hart und viel arbeiten und alle
ihre Durchschlagskraft in ihre Anzeigen legen.
Wir alle kennen berühmte Agenturen, die langsam,
aber sicher sterben. Da hört man mutloses Geflüster
in den Gängen, lange bevor die Kunden endlich die
Wahrheit erfahren.

Bei diesem Punkt fiel mir immer auf, daß ich den Nerv meines
zukünftigen Kunden getroffen hatte und daß er nun versuchte,
dies vor mir zu verbergen. Könnte es etwa sein, daß ich seine
eigene Agentur meinte, als ich von sterbenden Agenturen
sprach?
Heute, nach 14 Jahren, finde ich diese skrupellose Strategie natürlich schrecklich. Mein gebildeter Onkel, Sir Humphry Rolleston,
pflegte von den Ärzten zu sagen: »Zuerst kommen sie voran,
dann werden sie geehrt, dann werden sie ehrlich.« Allmählich
werde auch ich jetzt ehrlich und kann keiner Fliege mehr ein Haar
krümmen. Als mein Bankkonto allerdings leer war, sah alles ganz
anders aus. Wie sagt doch Gilberts Piratenkönig:

Wenn ich auf Beute aus bin,
helfe ich mir auf königliche Art.
Es stimmt, ich versenke ein paar Schiffe mehr,
als ein wohlerzogener Monarch eigentlich tun sollte.

Aber mancher König auf einem hohen Thron
muß sehen, wie er durchkommt,
wenn er seine Krone behalten will.
Und da gibt es oft mehr schmutzige Arbeit,
als ich je tun würde.

Getreu dem Rat von Henry Ford, der seinen Händlern ein-
schärfte, daß sie durch persönliche Besuche Aufträge bringen
sollten, begann auch ich mich persönlich um Kunden zu bemühen, die noch keine Agentur beschäftigten, da ich ja noch nicht
über die notwendigen Referenzen verfügte, um eine eingesessene
Agentur zu verdrängen.

Mein erstes Ziel war Wedgwood Porzellan, ein Etat von damals
etwa 40 000 Dollar im Jahr. Mr. Wedgwood und seine Werbelei-
terin empfingen mich mit ausgesuchter Höflichkeit.

»Wir können Agenturen nicht ausstehen«, sagten sie. »Sie scha-
den mehr, als sie nützen, und deshalb machen wir unsere Anzeigen selber. Haben Sie irgend etwas an diesen auszusetzen?«

»Im Gegenteil«, antwortete ich, »ich finde sie ausgezeichnet.
Aber wenn ich diese Anzeigen für Sie einschalten darf, so kriege
ich von den Zeitungen eine Provision. Das kostet Sie nichts, und
ich verspreche Ihnen, daß ich nie mehr über Ihre Schwelle treten
werde.«

Hensleigh Wedgwood ist ein freundlicher Mann, und so schrieb
er mir am nächsten Morgen einen offiziellen Brief, in dem er mir
seinen Etat gab. Ich akzeptierte telegrafisch, und das Geschäft war
gemacht. Ich hatte damals allerdings nur 6000 Dollar und konnte
mich somit kaum so lange über Wasser halten, bis die ersten
Provisionen eintrafen. Zu meinem großen Glück war mein älterer
Bruder, Francis, damals Managing Director von Mather & Crowther, einer hochangesehenen und vornehmen Werbeagentur in

London. Er überredete seine Gesellschafter, mein Kapital zu
vergrößern und mir ihren Namen zu geben. So war ich gerettet.
Mein alter Freund Bobby Bevan von S. H. Benson Ltd., einer
anderen englischen Agentur, spielte ebenfalls mit, und Sir Francis
Meynell bewegte Sir Stafford Cripps, diese transatlantische Investition zu genehmigen.

Bobby und Francis bestanden aber darauf, daß ich einen Amerikaner als Chef der Agentur finden müsse. Sie konnten es einfach
nicht glauben, daß es einem ihrer Landsleute gelingen würde,
amerikanische Industrielle dazu zu bringen, ihm ihre Etats anzu-
vertrauen. Es war einfach absurd, daß ein Engländer oder gar ein
Schotte in der amerikanischen Werbung Erfolg haben würde.
Werbung gehört nicht zu den Dingen, die einem Engländer in die
Wiege gelegt werden. Und tatsächlich standen die Engländer
eigentlich der Werbung immer ziemlich reserviert gegenüber.
Punch schrieb 1948: »Laßt uns eine Nation von Krämern sein,
solange uns dies Freude macht. Aber wir brauchen gewiß nicht
eine Nation von Werbungtreibenden zu werden.« Von den
5500 Edelleuten, Baronen und Grafen, die heute in England
leben, ist nur einer in der Werbung tätig.

(In den Vereinigten Staaten findet man viel weniger Vorurteile
gegen die Werbung und gegen die, die sich damit beschäftigen.
Neil McElroy war Werbeleiter bei Procter & Gamble, bevor er
Verteidigungsminister in Eisenhowers Regierung wurde. Chester
Bowles verließ Madison Avenue und wurde Gouverneur von
Connecticut, Botschafter in Indien und Unterstaatssekretär. Aber
selbst in den Vereinigten Staaten ist es eine große Ausnahme, daß
Werbeleute wichtige Regierungsstellen bekommen. Das ist sehr
schade, denn einige von ihnen haben viel eher das Zeug dazu als
die Rechtsanwälte, Professoren, Bankiers und Journalisten, die
man üblicherweise dazu heranzieht. Erfahrene Werbeleute sind

sicher besser in der Lage, Probleme zu erkennen und Gelegenheiten wahrzunehmen, kurz- oder auch langfristige Ziele festzulegen, große Komitees zu leiten und mit einem Budget auszukommen. Wenn ich meine älteren und viel erfahreneren Kollegen beobachte, so glaube ich sicher, daß viele von ihnen objektiver sind, daß sie organisierter, zielstrebiger und angestrengter arbeiten als ihre Gegenspieler, die Rechtsanwälte, Lehrer, Bankiers oder Journalisten.)

Ich konnte einem amerikanischen Geschäftsmann, der sich dazu eignen würde, eine Agentur zu leiten, doch nur recht wenig bieten. Aber nach einigen Monaten ist es mir doch gelungen, Anderson Hewitt so weit zu bringen, daß er J. Walter Thompson in Chicago verließ und mein Chef wurde. Er war voll Energie; Reichtum konnte ihn nicht beeindrucken, und er hatte so gute Verbindungen, daß mir beim Gedanken daran schon der Mund wäßrig wurde.

Innerhalb eines Jahres brachte Anderson Hewitt zwei erstklassige Kunden. Mit Hilfe von John La Farge, den wir als Cheftexter eingestellt hatten, gewann er Sunoco, und drei Monate später gelang es seinem Schwiegervater, Arthur Page, die Chase Bank soweit zu bringen, daß sie uns nahm. Als wir mehr Kapital brauchten, überredete Andy Hewitt J. P. Morgan & Co., uns 100 000 Dollar zu borgen, ohne irgendeine Sicherheit außer dem Vertrauen, das uns sein Onkel Leffingwell, der damals Chairman von Morgan war, entgegenbrachte.

Aber meine Zusammenarbeit mit Andy war nicht sehr glücklich. Wir bemühten uns, unsere Mitarbeiter die Meinungsverschiedenheiten, die wir hatten, nicht spüren zu lassen. Aber Kinder bemerken es immer, wenn die Eltern Streit haben. Nach vier Jahren Zwietracht, die durch unseren meteorhaften Aufstieg nur noch mehr entfacht wurde, spaltete sich die Agentur in zwei

Lager. Nach langem und mühsamem Hin und Her schied Andy aus, und ich wurde Chef der Agentur. Es freut mich, daß er in einer anderen Agentur, wo er nicht von einem unleidlichen Partner gehindert wird, Großes leistet.

Als wir unsere Agentur eröffneten, standen wir in Konkurrenz mit 3000 anderen. Zunächst mußten wir einmal aus dem Dunkel des Unbekanntseins aufsteigen, so daß wir für zukünftige Kunden überhaupt in Frage kamen. Dies gelang uns schneller, als ich zu träumen wagte, und vielleicht nützt es anderen Wagemutigen, wenn ich hier beschreibe, wie uns das gelang.

Als erstes lud ich die Journalisten der verschiedenen Werbefachblätter zum Essen ein. Ich erzählte ihnen von meiner Wahnsinnsidee, eine große Agentur aus dem Nichts aufzubauen. Von da an gaben sie mir kostenlos viele Tips über neue Geschäftsmöglichkeiten und druckten jede Notiz, die ich ihnen zuschickte, so unbedeutend sie war. Gott segne sie dafür.

Rosser Reeves regte sich darüber auf, daß es sogleich in der Fachpresse stünde, wenn in unserer Agentur jemand auf die Toilette gehe.

Dann befolgte ich Edward L. Bernays Rat, keinesfalls mehr als zwei Reden im Jahr zu halten. Jede Rede, die ich aber hielt, war darauf angelegt, die größtmögliche Aufregung in Madison Avenue auszulösen. Die erste war ein Vortrag im Art-Directors-Club, in dem ich alles von mir gab, was ich über Graphik in der Werbung wußte. Bevor ich nach Hause ging, überreichte ich noch jedem Art-Director, der gekommen war, eine hektographierte Liste von 39 Grundsätzen, nach denen man gute Layouts machen könne. Diese alten 39 Punkte geistern noch heute in Madison Avenue herum.

In meiner folgenden Rede bemängelte ich die Dummheit der Werbekurse in den verschiedenen Colleges und setzte 10 000 Dollar aus, um ein Werbe-College zu gründen, das in der Lage wäre, der Praxis wirklich etwas zu bieten. Dieser ausgefallene Vorschlag erschien auf den Titelseiten, und bald wurde ich von der Fachpresse zur Stellungnahme über die meisten Fragen, die gerade aufkamen, aufgefordert. Ich gab immer meine Meinung zum besten und wurde allenthalben zitiert.

Drittens machte ich mir die Leute zu Freunden, die von Berufs wegen mit den größten Werbungtreibenden zusammenkamen: Marktforscher, Public-Relations-Leute, Betriebsberater und Anzeigenvertreter. Sie selbst sahen offenbar in mir eine Quelle für zukünftige Geschäfte. In Wirklichkeit aber fütterte ich sie mit Neuigkeiten über die Vorzüge unserer Agentur.

Viertens schickte ich häufig Erfolgsberichte an 600 im Geschäftsleben stehende Leute. Dieses Trommelfeuer von Aussendungen wurde von den größten, auch noch so berühmten Werbungtreibenden gelesen.

Als ich mich zum Beispiel um einen Teil des Seagram-Etats bemühte, zitierte Sam Bronfman die letzten zwei Absätze einer 16 Seiten langen Rede, die ich ihm kurz zuvor geschickt hatte, und gab uns seinen Etat.

Wenn Sie, geneigter Leser, über die Enthüllungen von Selbstwerbung schockiert sein sollten, so kann ich nur entgegnen, daß ich höchstwahrscheinlich 20 Jahre gebraucht hätte, um etwas zu werden, wenn ich mich an die üblichen Gepflogenheiten gehalten hätte. Ich hatte aber weder Zeit noch Geld, so lange zu warten. Ich war arm, unbekannt und hatte es sehr eilig.

Inzwischen arbeitete ich vom Morgengrauen bis Mitternacht an sechs Tagen in der Woche und schuf Kampagnen für Kunden, die sich unserer Agentur in den Kinderschuhen anvertraut hatten. Einige dieser Kampagnen gehören heute zur Geschichte der Werbung.

Anfänglich nahmen wir natürlich jeden Etat, der uns angeboten wurde. Eine Spielzeug-Schildkröte, eine Patent-Haarbürste, ein englisches Motorrad, aber dabei ließ ich meine Liste der fünf Traumkunden nie aus dem Auge und investierte den ganzen mageren Gewinn, den wir machten, in den Aufbau einer Organisation, die schließlich in der Lage sein mußte, die Aufmerksamkeit dieser Kunden auf sich zu lenken. Ich verwies meine zukünftigen Kunden immer auf die geradezu dramatische Weiterentwicklung, die folgte, nachdem Ogilvy, Benson & Mather einen Etat von einer anderen Agentur übernommen hatte. – »Wir haben immer neue Wege beschritten und haben immer die Umsätze gesteigert.« Leider gelang es mir nie, bei diesen Worten ein ernstes Gesicht zu behalten. War es doch so, daß das Wachstum eines Unternehmens, dessen Umsätze in den letzten 21 Jahren sich nicht mehr als versechsfacht hatten, als unterdurchschnittlich bezeichnet werden mußte.

Manche von den ganz alltäglichen Agenturen hatten das Glück, 1945 einige ganz alltägliche Kunden zu haben. Sie mußten nichts anderes tun, als ihre Sicherheitsgurte anzuschnallen und sich von der emporschnellenden Konjunktur in enorme Höhen tragen zu lassen. Eine Agentur muß schon sehr geschickt sein, wenn sie in Konjunkturzeiten neue Kunden bekommt. Aber wenn die Wirtschaft von einer Rezession bedroht wird, dann fallen die alten Agenturen zusammen und neue, ehrgeizige Unternehmen erblühen.

Am schwierigsten ist es für eine Agentur, den ersten Kunden zu bekommen, denn sie hat keine Referenzen, keine Erfolgsgeschichten und keinen Ruf. In diesem Stadium machte es sich oft bezahlt, eine Studie über die mögliche Entwicklung eines zukünftigen Kunden zu machen. Es gibt nur ganz wenige Industrielle, die nicht neugierig darauf wären, die Ergebnisse einer solchen Studie kennenzulernen.

to be parallel
to

Ray Loewy
never leave well
enough alone

to

☎ Notizen

APOTHEKE AN DER MATHILDENHÖHE

Apotheker Alexander Jaksche • Dieburger Straße 75
64287 Darmstadt • Tel: 06151/41082 • Fax: 06151/46780
Kostenlose Service-Nummer: 0800/2766334

Ich versuchte das zum ersten Mal mit Helena Rubinstein, die in den vorangegangenen 25 Jahren ihre Agentur siebzehnmal gewechselt hatte. Ihr Werbeetat wurde damals von einer Agentur betreut, die ihrem jüngeren Sohn, Horace Titus, gehörte. Unsere Untersuchung zeigte, daß seine Werbung keinen wie immer gearteten Erfolg brachte.

Madame Rubinstein zeigte nicht das geringste Interesse an den Ergebnissen unserer Untersuchung, aber als ich ihr einige Anzeigen, die wir auf Grund der Untersuchungen gemacht hatten, zeigte, da wurde sie plötzlich aufmerksam und schien besonderes Interesse an Fotos von meiner Frau zu finden, die sie vor und nach einer Behandlung in einem Rubinstein-Salon zeigten: »Mir scheint, Ihre Frau sah vorher besser aus«, sagte Madame. Ich war sehr verwundert, daß Horace Titus seiner Mutter empfahl, ihren Etat seiner Agentur wegzunehmen und mir zu geben. Sie tat das. Horace und ich wurden gute Freunde und blieben es acht Jahre lang, bis zu seinem Tode.

1958 wurden wir von Standard Oil (New Jersey) eingeladen, einmal zu zeigen, wie wir ihre Werbung gestalten würden, wenn wir den Etat hätten. Nach zehn Tagen präsentierte ich ihnen 14 verschiedene Kampagnen und bekam den Etat. Im Kampf um neue Kunden ist Ideenreichtum und Nachtarbeit ebenso wichtig wie Glück. 30 000 Dollar kostete uns eine spekulative Präsentation für Bromo Seltzer. Sie basierte auf der zwingend bewiesenen Annahme, daß die Mehrzahl der Kopfschmerzen psychosomatischen Ursprungs seien. Aber Le-Moyne, der damals Werbeleiter von Bromo Seltzer war, gab einer Präsentation von Lennen & Newell den Vorzug.

Heute haben wir weder Zeit noch Lust zu spekulativen Kampagnen. Statt dessen zeigen wir, was wir für andere Kunden geleistet haben. Wir erklären unsere Grundsätze und stellen unsere führenden Mitarbeiter vor. Wir versuchen, uns so darzustellen, wie wir wirklich sind, mit allen Vor- und Nachteilen. Wenn dem möglichen Kunden unser Aussehen zusagt, so nimmt er uns. Wenn ihm unser Gesicht aber nicht gefällt, so ist es besser für uns ohne ihn.

Als KLM, Royal Dutch Airlines, ihre Agentur wechseln wollten, luden sie außer Ogilvy, Benson & Mather noch vier andere Agenturen ein, Vorschläge zu unterbreiten. Wir waren die erste, die sie besuchten. Ich begann die Unterredung, indem ich sagte: »Wir haben nichts für Sie vorbereitet, wir möchten Sie aber bitten, daß Sie uns mit Ihren Problemen vertraut machen. Dann gehen Sie und schauen sich die vier anderen Agenturen an, die ja alle Vorschläge vorbereitet haben. Wenn Ihnen einer dieser Vorschläge zusagt, wird Ihnen die Wahl ja leichtfallen. Wenn nicht, kommen Sie eben wieder und nehmen uns. Wir werden dann mit der Forschungsarbeit beginnen, die bei uns immer dem Entwurf einer Anzeige vorausgeht.«

Die Holländer gingen auf unseren kühlen Vorschlag ein und kamen nach fünf Tagen, nachdem sie sich die spekulativen Kampagnen angesehen hatten, wieder und gaben uns ihren Etat. Sie können sich vorstellen, wie sehr ich mich gefreut habe.

Aber man kann nicht in allen Fällen gleich vorgehen. Manchmal lohnt es sich, spekulative Anzeigen vorzulegen, so wie bei Jersey und Helena Rubinstein. In anderen Fällen aber ist es besser, die Agentur zu sein, die es ablehnt, so etwas zu machen, wie eben im Falle von KLM.

Die erfolgreichsten Agenturen sind sicher die, deren Sprecher das stärkste Einfühlungsvermögen in die Psyche des zukünftigen Kunden besitzt. Starrheit und Verkaufskönnen sind miteinander unvereinbar.

Ein Grundsatz allerdings bewährt sich in den meisten Fällen:

Lassen Sie den zukünftigen Kunden reden. Je mehr Sie zuhören, um so klüger erscheinen Sie. Eines Tages besuchte ich Alexander Konoff, einen nicht mehr ganz jungen Russen, der ein Vermögen mit Reißverschlüssen gemacht hatte. Er zeigte mir seine Fabrik in Newark und nahm mich dann in seinem Cadillac mit zurück nach New York. Es fiel mir auf, daß er The New Republic in der Hand hatte, eine Zeitschrift, die von nur sehr wenigen Kunden gelesen wird.

»Sind Sie Demokrat oder Republikaner?« fragte ich.

»Ich bin Sozialist und beteiligte mich aktiv an der russischen Revolution.« Ich fragte, ob er Kerensky gekannt hätte.

»Nicht diese Revolution«, brummte Konoff, »ich meine die Revolution von 1904. Als Kind mußte ich jeden Tag fünf Meilen barfuß im Schnee gehen, um in einer Zigarettenfabrik zu arbeiten. Mein wirklicher Name ist Kaganovitch. Der FBI glaubt, daß ich ein Bruder jenes Kaganovitch sei, der jetzt im Politbüro sitzt; aber das stimmt nicht.«

Er brüllte vor Lachen. »Zuerst arbeitete ich in Amerika als Maschinist in Pittsburgh, für 55 Cents in der Stunde. Meine Frau war Stickerin. Sie war für 14 Dollar in der Woche angestellt, bekam aber das Gehalt nie ausbezahlt.«

Dieser stolze alte Sozialist und Millionär erzählte mir dann, daß er mit Lenin und Trotzki, während sie im Exil waren, befreundet war, und ich tat nichts, als ihm zuzuhören. So gewann ich ihn als Kunden.

Schweigen kann Gold sein. Vor einiger Zeit kam auf der Suche nach einer neuen Agentur der Werbeleiter von Ampex zu uns. Gerade damals hatte ich zum ersten Male in meinem Leben zu gut gegessen und hatte meine sonst ganz gute Sprache verloren. Ich konnte nichts anderes tun, als dem zukünftigen Kunden einen Platz anzubieten, und dann blickte ich ihn fragend an. Er redete wohl eine Stunde lang, ohne daß ich ihn unterbrochen hätte, und ich sah es ihm an, wie sehr er von meiner Gedankentiefe beeindruckt war. Nur wenige Werbeleute sind bei solchen Anlässen so schweigsam. Dann fragte er mich, zu meinem Entsetzen, ob ich je einen Ampex-Plattenspieler gehabt hätte; ich schüttelte den Kopf, zu erschrocken, um etwas sagen zu können. »Gut, ich möchte, daß Sie unser Gerät in Ihrer Wohnung hören. Es gibt dieses in verschiedenen Stilarten. Wie ist Ihre Wohnung eingerichtet?«

Ich zuckte mit den Schultern und wagte es nicht zu sprechen.

»Modern?«

Ich schüttelte den Kopf, ein starker, schweigsamer Mann.

»Gründerzeit?«

Ich schüttelte wieder meinen Kopf. Stille Wasser gründen tief.

»18. Jahrhundert?«

Ich nickte gedankenschwer. Das war alles. Nach einer Woche kam der Ampex-Plattenspieler. Er war phantastisch, aber meine Partner meinten, daß der Etat zu klein wäre, um etwas abzuwerfen, und so mußte ich nein sagen.

Das Betreuen von Etats ist eine unerhört ernste Angelegenheit. Sie geben dabei doch das Geld anderer Leute aus, und oft liegt das Schicksal einer Gesellschaft in Ihrer Hand. Für mich aber ist die Jagd nach einem neuen Kunden ein Sport. Wenn Sie diesem Sport mit Verbissenheit nachgehen, so werden Sie an Magengeschwüren sterben. Wenn Sie das Spiel jedoch leichten Herzens spielen, werden Sie eventuelle Mißerfolge überwinden, ohne deswegen der Schlaflosigkeit zu verfallen. Spielen Sie, um zu gewinnen, aber spielen Sie zu Ihrem Vergnügen.

Als junger Mann verkaufte ich Küchenherde auf der Ausstellung »Das ideale Heim« in London. Jeder Verkauf erforderte einen persönlichen Einsatz und dauerte 40 Minuten. Mein Problem bestand darin, aus der sich vorbeiwälzenden Menschenmenge die Personen herauszufinden, die reich genug waren, um einen Herd, der 400 Dollar kostete, kaufen zu können. Ich bekam allmählich die richtige Spürnase für meine Käufer. Sie rauchten, zum Zeichen ihrer aristokratischen Abstammung, türkische Zigaretten, so wie andere Leute eine College-Krawatte aus Eton tragen.

Später entwickelte ich eine ähnliche Technik, um interessante Werbungtreibende herauszufinden. Einmal nach einem Mittagessen des Scottish Council in New York hatte ich das sichere Gefühl, daß vier Herren, die ich eben kennengelernt hatte, eines Tages meine Kunden werden würden. Sie wurden es natürlich.

Mein größter Etat in all den Jahren war Shell. Den Shell-Leuten gefiel unsere Arbeit für Rolls-Royce so gut, daß sie uns in die Liste der möglichen Agenturen aufnahmen. Jeder dieser Agenturen schickten sie einen langen, eingehenden Fragebogen. Nun scheint mir die Gewohnheit, Agenturen nach Fragebogen auszuwählen, unmöglich, und ich habe schon Dutzende von Fragebogen in den Papierkorb geworfen. Als ich von einer Gesellschaft, die sich Stahl-Meyer nannte, einen Fragebogen erhielt, war meine Antwort: »Wer ist Stahl-Meyer?« Aber ich verbrachte Nächte mit der Beantwortung des Shell-Fragebogens. Meine Antworten waren ehrlicher als sonst üblich, wohl in der Annahme, daß sie auf Max Burns, meinem Kollegen im Vorstand der New Yorker Philharmoniker, der damals Präsident von Shell war, einen positiven Eindruck machen würden, vorausgesetzt natürlich, daß er den Fragebogen überhaupt zu Gesicht bekäme. Am nächsten Morgen hörte ich, daß er nach London geflogen sei, und so ging auch ich nach London und hinterließ in seinem Hotel die Nachricht, daß ich ihn gerne sehen würde. Zehn Tage lang keine Antwort. Ich hatte schon alle Hoffnung aufgegeben, als mir die Telefonistin mitteilte, daß mich Mr. Burns für den nächsten Tag zum Lunch geladen hätte. Nun traf es sich, daß ich bereits eine Lunch-Verabredung mit dem Staatssekretär für Schottland hatte, und also schickte ich Burns folgende Antwort:

> Mr. Ogilvy wird mit dem Staatssekretär für Schott-
> land im Unterhaus lunchen. Die Herren würden sich
> freuen, wenn Sie auch dazukämen.

Auf dem Wege ins Parlament hatte ich, da es schüttete und wir nur einen Regenschirm hatten, die Chance, Burns die Quintessenz meiner Antworten auf dem Fragebogen mitzuteilen. Am nächsten Tag waren wir wieder in New York, und er stellte mich dem Mann vor, der als Präsident von Shell sein Nachfolger sein sollte, dem hervorragenden Dr. Monroe Spaght. Nach drei Wochen rief mich Monty Spaght an, um mir zu sagen, daß wir den Etat hätten. Ich war durch diese Neuigkeit wie vom Blitz getroffen, so daß ich meine Fassung verlor und nur einen Stoßseufzer zum Himmel schickte: »Gott, stehe uns bei!«

Wegen Shell mußten wir Standard Oil (New Jersey) aufgeben. Ich konnte die Jersey-Leute sehr gut leiden und bildete mir etwas darauf ein, daß wir dazu beigetragen hatten, das großartige Sponsor-Programm im Fernsehen »The Play of the Week« weiterzuführen. David Susskind meinte in *Life*, daß diese Sponsorsendung das Verdienstkreuz bekommen sollte, wenn es so etwas gäbe. Es ist sicher nicht allgemein bekannt, daß ich, um die Sendung für Jersey zu retten, meine 15-Prozent-Provision an Lorillard, den Hersteller der Old-Gold- und Kent-Zigaretten, abgeben mußte. Lorillard hatte einen Spot für dieses Programm bereits im voraus gebucht, und lediglich mein Angebot, ihm meine Provision (6000 Dollar in der Woche) zu überlassen, veranlaßte ihn, zugunsten von Jersey zurückzutreten. Ich war

etwas enttäuscht von Jersey, daß sie nicht daran dachten, mein Opfer zu honorieren. Keine Agentur kann es sich leisten, ohne Bezahlung zu arbeiten, und so wandte ich meine Liebe Shell zu. Manchmal schlug ich katastrophale Saltos, um neue Kunden zu gewinnen. Als ich Sir Alexander H. Maxwell, den Chef der British Travel & Holiday Association, traf, brauchten wir gerade dringend einen neuen Etat. Er empfing mich nicht gerade sehr freundlich mit den Worten: »Unsere Werbung ist gut, sehr gut sogar, und ich habe nicht die leiseste Absicht, unsere Agentur zu wechseln.« Ich antwortete ihm: »Als Heinrich VIII. im Sterben lag, glaubte man allgemein, daß der, der es wagte, ihm diese grauenvolle Wahrheit zu sagen, geköpft würde. Aber die Staats-räson erforderte es, einen Freiwilligen zu finden, und da meldete sich Henry Denny. König Heinrich war Denny so dankbar für seinen Mut, daß er ihm ein Paar Handschuhe schenkte und ihn zum Ritter schlug. Sir Henry Denny war mein Vorfahre, und sein Beispiel gibt mir den Mut, Ihnen zu sagen, daß Ihre Werbung sehr schlecht ist.«
Maxwell ging in die Luft und sprach kein Wort mehr mit mir. Aber kurz danach gab er uns seinen Etat, allerdings unter der Bedingung, daß ich nicht daran arbeite, und lange Jahre hindurch mußten es meine Partner geheimhalten, daß ich es war, der sich um die Kampagne kümmerte. Unsere Kampagne war so erfolg-reich, daß die Zahl der Amerikaner, die Großbritannien besuch-ten, sich in zehn Jahren vervierfachte. Heute nimmt England aus dem Fremdenverkehr mehr ein als irgendein Land in Europa, mit Ausnahme von Italien. »Für eine kleine und feuchte Insel ist das ein recht bemerkenswerter Erfolg«, sagt *The Economist.*
Als Sir Alexander Maxwell in Pension ging, konnte ich mein Versteck verlassen. Heute hat Lord Mabane, ein früherer Mini-ster, den Vorsitz. Er schickt mir jedesmal, wenn ich nach England

komme, seinen Wagen, der mich nach Rye bringt, wo er in
Henry James' Haus lebt. Sein Chauffeur schockierte einmal
meine Frau, die Amerikanerin ist, weil er sie fragte, ob sie eines
von seinen Bonbons lutschen wolle. (Englische Kunden von uns
beschäftigen gerne dem Alkohol verfallene Diener. Der Butler im
Rolls-Royce-Gästehaus, in der Nähe von Derby, kam an einem
heißen Sommermorgen ohne anzuklopfen in unser Schlafzim-
mer. Meine Frau lag in tiefem Schlaf, und so neigte er sich zu
ihrem Ohr und rief: »Gekochtes Ei oder Spiegelei, Madam?«)
Unsere Arbeit am Armstrong-Cork-Etat nahm einen besonderen Verlauf. Es begann damit, daß ich von Max Banzhaf, dem
Werbeleiter, zum Essen in seinen Golfclub in der Nähe von
Lancaster, Pennsylvanien, gebeten wurde. Von unserem Tisch
aus konnte man den Golfplatz übersehen, und zwei Stunden lang
beglückte mich Max mit Golfgeschichten. Seine Wertschätzung,
die er Werbeleuten entgegenbrachte, hing offenbar eng zusammen mit deren Fähigkeiten, Golf zu spielen. Teilte ich seine Liebe
zu Golf?
Ich war nie in meinem Leben auf einem Golfplatz gewesen, aber
alle meine Chancen wären dahin gewesen, wenn ich das in diesem Augenblick zugegeben hätte. So versuchte ich mich aus der
Affäre zu ziehen, indem ich etwas dahermurmelte: »Keine Zeit
für Spiele.« Max schlug vor, eine Runde Golf zu spielen, worauf
ich entgegnete, daß ich meine Golfschläger nicht mitgebracht
hätte.
»Ich borge Ihnen meine.« Die nächste Entschuldigung, die ich
vorbrachte, hatte mit meiner Verdauung zu tun, und Max akzeptierte dies gnädig. Als ich ihn verließ, sagte er mir, daß es nur noch
eine Schwierigkeit für mich gäbe, und zwar die Tatsache, daß
Henning Prentis, sein Chairman, ein treuergebener und langjähri-
ger Freund von Bruce Barton wäre, dessen Agentur während der

letzten 40 Jahre mehr oder weniger ein Monopol auf die Armstrong-Werbung hätte.

Am nächsten Tag schlug sich das Glück auf meine Seite. Die Donegal-Gesellschaft lud mich ein, in ihrer Jahreshauptversammlung in einer der ältesten presbyterianischen Kirchen der Vereinigten Staaten eine Rede zu halten. Ich sollte von der Kanzel aus sprechen, und Mr. Prentis war unter dem versammelten Volk. Meine Rede wurde für den 23. Juni festgelegt, diesen wunderbaren Tag in der Mitte des Sommers, an dem mein Großvater, mein Vater und ich geboren wurden.[1]

Als Thema wählte ich mir die Rolle meiner Landsleute beim Aufbau Amerikas, ohne direkt auf den einen Schotten in Madison Avenue anzuspielen:

> Ralph Waldo Emerson und Thomas Carlyle spazierten einst durch das schottische Land. Emerson sah den kargen Boden um Ecclefechan, und er fragte Carlyle: »Was gewinnen Sie aus einem kargen Land wie diesem?« Carlyle antwortete: »Männer.« Was für Männer wachsen wirklich auf diesem kargen schottischen Boden, und was werden sie, wenn sie in die Vereinigten Staaten gehen?
>
> Sie arbeiten angestrengt, und heute noch klingt mir das Sprichwort meines Vaters im Ohr, mit dem ich erzogen wurde: »Harte Arbeit hat noch niemanden umgebracht!«
>
> Patrick Henry war Schotte, und John Paul Jones war der Sohn eines schottischen Gärtners. Allan Pinkerton kam aus Schottland und gründete die Geheim-

---

1 Mein Vater wettete mit mir 100 : 1, daß es mir nicht gelingen würde, diese Serie fortzusetzen. Bisher gelang es mir wirklich noch nicht.

polizei. Pinkerton deckte die erste Verschwörung zur Ermordung Lincolns im Februar 1861 auf. 35 Richter im Obersten Gerichtshof der Vereinigten Staaten waren Schotten. Industrielle kamen in Mengen, darunter ein Mann, der so viel zum Gedeihen und zur Kultur von Lancaster beigetragen hat, Mr. Henning Prentis von Armstrong Cork.

Von meinem erhobenen Platz auf der Kanzel konnte ich Mr. Prentis' Reaktion auf diese direkte Anrede beobachten. Er schaute nicht gerade verärgert drein, und nach einer Woche gestattete er, daß ein Teil des Armstrong-Etats an unsere Agentur ging.

Von den vielen Kämpfen um neue Kunden, an denen ich teilnahm, war der Kampf um den United-States-Travel-Service-Etat der mit den meisten Bewerbern. Nicht weniger als 137 Agenturen waren angetreten. Unsere Werbefeldzüge für Großbritannien und Puerto Rico waren so erfolgreich, daß wir wie keine andere Agentur dazu geeignet waren, die Vereinigten Staaten als Reiseziel zu propagieren. Ich brannte darauf, meine europäischen Landsleute mit meiner eigenen Begeisterung für die Vereinigten Staaten anstecken zu können. Bisher machte ich Werbung für Zahnpasta und Margarine. Was für eine großartige Veränderung würde es bedeuten, für die Vereinigten Staaten Werbung zu machen.

Viele Agenturen, die sich um den Etat bewarben, konnten politischen Einfluß in die Waagschale werfen. Ich hatte keinen. Trotzdem kamen wir in die engste Auswahl von sechs Agenturen und wurden eingeladen, eine Präsentation in Washington zu machen. Der Assistant Secretary of Commerce, William Ruder – im Privatleben ein Mitbürger von Madison Avenue –, unterzog mich einem unbarmherzigen Kreuzverhör, welches meinen schwachen Punkt zutage brachte: Ich hatte keine Filialen im Ausland. Nach den über 100 Präsentationen, die ich bisher hinter mich gebracht hatte, habe ich nun am Ende der Besprechung ein ganz sicheres Gefühl dafür, ob wir gewonnen oder verloren haben. An jenem Nachmittag wußte ich, daß ich verloren hatte, und kehrte ziemlich verzweifelt nach New York zurück.

Nach zehn Tagen gab es immer noch keine Nachricht. Meine Mitarbeiter trösteten mich, und wir wetteten bereits, wer von unserer Konkurrenz gewinnen würde. Dann, an einem Samstagmorgen, weckte mich der Telegrammbote: The Secretary of Commerce hat Ogilvy, Benson & Mather beauftragt, die »Visit USA-Werbung« in Großbritannien, Frankreich und Deutschland durchzuführen.

Das war das großartigste Telegramm seit jenem, das ich vor 30 Jahren aus Oxford erhielt und in welchem mir mitgeteilt wurde, daß mir ein Stipendium im Christ Church College gewährt worden war. Jede Anzeige, die ich für den U.S. Travel Service machte, ist ein ganz einfacher Brief eines dankbaren Einwanderers.

Bevor unsere Kampagne startete, machte ich das Handelsdepartment aufmerksam, daß es ganz bestimmt herbe Kritik geben würde:

Das Donnerwetter wird losgehen, sobald unsere erste Anzeige erschienen ist. Was immer wir in dieser Anzeige sagen oder nicht sagen, wir werden kritisiert werden. Ich weiß das ganz genau aus meiner Erfahrung mit der britischen Urlaubswerbung.

Aber im letzten kann unsere Kampagne nur durch Ergebnisse verteidigt oder angegriffen werden.

Unsere Forschung hatte ergeben, daß das einzige, aber größte
Hindernis für uns darin lag, daß der Europäer übertriebene
Vorstellungen von den Kosten hatte, die mit einem Besuch in den
Vereinigten Staaten verbunden sind. Wir beschlossen, den Stier
bei den Hörnern zu packen. Anstatt nun ganz einfach harmlos zu
sagen: »Sie können für weniger, als Sie glauben, nach Amerika
reisen«, nannten wir eine konkrete Zahl: 35 Pfund die Woche.
Wir kamen zu dieser Ziffer nach ganz genauen Nachforschun-
gen. Bevor wir einen Minimalpreis für ein Hotelzimmer in New
York nannten, schickten wir eine von unseren Texterinnen in das
Hotel Winslow, um die Betten dort zu überprüfen. Dieses Hotel
verlangte 6 Dollar für eine Nacht – die Betten waren in Ordnung.
Aber unsere Kritiker beharrten darauf, daß 35 Pfund in der
Woche bei weitem zuwenig wären. Sie waren sich der Tatsachen
im Zusammenhang mit diesem Problem nicht bewußt:

1. Bislang war eine Reise von Europa Geschäftsleuten
   vorbehalten, die auf Spesenkonto reisten, und den
   sehr reichen Leuten. Es war absolut lebensnotwendig, den Markt zu erweitern, indem man Touristen
   mit bescheidenen Mitteln anzog. Das Gold im Fort
   Knox wurde immer weniger, und Devisen brauchte
   man dringend.
2. Mehr als die Hälfte der Familien in den Vereinigten
   Staaten verfügen über ein Einkommen von mehr als
   5000 Dollar, wogegen in England nur drei Prozent
   der Familien ein solches Einkommen haben. Wir
   mußten ihnen deshalb unser Produkt zu dem billigst-
   möglichen Preis anbieten. Sie konnten ja immer noch
   mehr ausgeben, wenn sie unbedingt wollten.
3. Es ist immer noch besser, wenn Europäer mit durch-

schnittlichem Einkommen bei ihrem Besuch in den
Vereinigten Staaten mit ihrem Geld rechnen müssen,
als wenn sie gar nicht kommen. Das großartige Erlebnis, New York und San Francisco gesehen zu
haben, übertrifft bei weitem all die Unannehmlichkei-
ten, die mit dem Sparen verbunden sind. Ausländische Touristen bringen schließlich die dringend benö-
tigten Devisen ins Land, und die Forschung zeigt, daß
beinahe alle mit einer freundlicheren Einstellung gegenüber den Vereinigten Staaten in ihre Länder zu-
rückkehren.

Unsere Anzeigen übertrafen alle bisherigen Rekorde an Aufmerksamkeit in den europäischen Zeitungen. Die Folge waren so
viele Anfragen in den Büros des U.S. Travel Service in London,
Paris und New York, daß sie bis lange in die Nacht hinein arbeiten
mußten. Unsere Kampagne verursachte eine Lawine von redaktionellen Berichten, wie sie wahrscheinlich in der Geschichte der
Werbung noch nie da war. Der *Daily Mail* schickte seinen Star-
reporter in die Vereinigten Staaten. Im ersten Bericht telegrafierte
er: »Als Präsident Kennedy mich und all die anderen Millionen
Europäer einlud, die Neuheit einer Reise durch die USA kennenzulernen, gab er gleichzeitig einen geheimen Erlaß an die 180 Millionen Amerikaner aus, freundlich zu uns zu sein. Wie könnte
man sich anders die geradezu peinliche Großzügigkeit und über-
wältigende Herzlichkeit und die außerordentliche Höflichkeit
erklären, der man allenthalben begegnet.«
Der *Daily Express* verlangte von seinem New Yorker Korrespon-
denten einen Artikel darüber. Der *Manchester Guardian* nannte
unsere Anzeigen »berühmt«, schon nachdem erst drei davon
erschienen waren. Das *Handelsblatt*, die führende deutsche Wirt-

schaftszeitung, schrieb: »Das ist eine sehr wahre Kampagne. Der U.S. Travel Service hat seine Werbung um den westdeutschen Touristen mit Trompeten und Posaunen begonnen.«

Der Erfolg gab uns recht. Acht Monate nachdem unsere Kampagne begonnen hatte, hatte der Reiseverkehr zwischen Frankreich und den Vereinigten Staaten um 27 Prozent zugenommen, der aus Großbritannien um 24 Prozent und der aus Deutschland um 18 Prozent.

1956 widerfuhr mir ein sehr ungewöhnliches Abenteuer: eine gemeinsame Präsentation mit einer anderen Agentur. Ben Sonnenberg überredete Arthur Fatt von Grey und mich, uns gemeinsam um den Greyhound-Bus-Etat zu bewerben. Er legte fest, daß es meine Aufgabe wäre, das Image der Autobusfahrten zu heben, während Grey die Leute in die Sitze drücken sollte. Ich flog mit Fatt nach San Francisco, wo die Greyhound-Leute eine Zusammenkunft hatten. Gleich nach unserer Ankunft im Hotel zeigte er mir seine Präsentation. Seine Marktforscher waren wirklich zum Kern des Problems vorgedrungen, und seine Texter hatten einen Slogan entwickelt, der den Nagel auf den Kopf traf: »Es ist so bequem, sich nur in den Bus zu setzen und uns das Fahren zu überlassen.« (It's such a comfort to take the bus and leave the driving to us.)

Ich rief den Greyhound-Werbeleiter über das Haustelefon an und bat ihn, auch in Fatts Zimmer zu kommen. »Arthur Fatt zeigte mir soeben seine Hälfte unserer gemeinsamen Präsentation. Es ist das Beste, was ich je gesehen habe. Ich empfehle Ihnen, ihm den ganzen Etat zu geben, und um Ihnen Ihre Entscheidung leichter zu machen, fliege ich jetzt nach New York zurück.« Ich ging hinaus, und Grey hatte den Kunden.

Ich wollte nie einen so großen Etat haben, daß ich es mir nicht mehr leisten konnte, ihn zu verlieren. Von dem Tag an, an dem

Sie das tun, leben Sie in ständiger Furcht, und in Furcht lebende Agenturen haben nicht mehr den Mut, ihre ehrliche Meinung zu sagen. Und wenn es einmal soweit ist, dann werden Sie zum Lakai Ihres Kunden.

Das war auch meine Überlegung, die mich veranlaßte, mich nicht um den Edsel-Etat zu bewerben. Ich schrieb an Ford: »Ihr Etat würde die Hälfte unseres Umsatzes ausmachen, und so könnten wir schwerlich in unserer Beratung unabhängig und objektiv bleiben.«

Wenn wir uns um den Edsel beworben und diesen Etat sogar bekommen hätten, so wäre Ogilvy, Benson & Mather höchstwahrscheinlich mit dem Edsel untergegangen.

Wir sind sehr vorsichtig in der Auswahl unserer Kunden. Es stimmt, daß wir einige Kunden haben wollen, die uns bisher noch nicht aufgesucht haben. Aber wir behalten sie im Auge, und wir lehnen durchschnittlich 59 weniger interessante Kunden jedes Jahr ab.

Es ist noch nicht allgemein bekannt, daß es nur sehr wenige erstklassige Agenturen gibt, an die man sich wenden kann. Wenn zum Beispiel eine Seifenfirma mit ihren 21 Agenturen durch ist, so sind ja nur noch zwei übrig, die ihren Anforderungen gerecht werden können.

Mein Ziel ist, alle zwei Jahre einen neuen Kunden zu haben. Wenn wir uns schneller ausdehnten, so müßten wir mehr neue Mitarbeiter engagieren, als wir trainieren können, und zuviel Arbeitskraft unserer besten Mitarbeiter würde von der Arbeit für bestehende Kunden abgezogen werden müssen, um für das schwierige Problem der ersten Kampagne für einen neuen Kunden eingesetzt zu werden. Ich bemühe mich um Etats, die die folgenden zehn Bedingungen erfüllen:

1. Es muß ein Produkt sein, auf das wir stolz sein können. In Fällen, bei denen wir ein Produkt betreuten, das wir außerdienstlich nicht mochten, hatten wir auch keinen Erfolg. Einem Rechtsanwalt mag es gelingen, einen Mörder zu verteidigen, von dem er weiß, daß er schuldig ist, und ein Chirurg mag einen Mann operieren können, den er nicht ausstehen kann. Aber in der Werbung ist es nicht möglich, den Beruf vom Privatleben zu trennen. Ein gewisses Maß von persönlicher Hingabe ist einfach notwendig, bevor ein Texter ein Produkt verkaufen kann.

2. Ich übernehme nie einen Etat, wenn ich nicht davon überzeugt bin, daß wir etwas wesentlich Besseres leisten können als die vorhergegangene Agentur. Ich lehnte die Werbung für *The New York Times* ab, weil ich nicht glaubte, daß wir etwas Besseres für sie tun könnten als die ausgezeichneten Anzeigen, die sie bereits hatten.

3. Ich hüte mich vor Produkten, deren Umsatz während einer längeren Zeit zurückgegangen ist, weil das meistens bedeutet, daß das Produkt irgendeine Schwäche hat oder daß die Geschäftsleitung nicht in Ordnung ist. Die beste und stärkste Werbung kann diese beiden Nachteile nicht wettmachen. Auch wenn eine neue Agentur noch so dringend Kunden braucht, so muß sie sich doch im Zaum halten und darf keine dem Tod geweihten Etats übernehmen. Ein Chirurg in einer gut eingeführten Praxis kann es sich leisten, wenn einmal ein Patient auf dem Operationstisch stirbt. Aber im Falle eines jungen Chirurgen würde so ein Unglücksfall das Ende seiner Kar-

riere bedeuten. Der Gedanke, daß einer unserer Etats
auf unserem Operationstisch sterben würde, versetzt
mich in einen panischen Schrecken.

4. Es ist sehr wesentlich, herauszufinden, ob der zukünftige Kunde die Agentur etwas verdienen lassen
will. Ich mußte leider die bittere Erfahrung machen,
dazu beigetragen zu haben, wie Kunden Multimillio-
näre wurden, während ich dabei mein letztes Hemd
verlor. Der durchschnittliche Gewinn, den eine Werbeagentur macht, liegt heute unter einem halben Prozent. Wir bewegen uns auf des Messers Schneide und
laufen Gefahr, unseren Kunden zu viel Service zu
bieten und dabei zugrunde zu gehen oder aber zu
wenig für unsere Kunden zu tun und sie dabei zu
verlieren.

5. Wenn der Etat schon nicht sehr einträglich ist, so
bietet er doch wenigstens die Chance, wirklich gute
Werbung zu produzieren. Wir haben an Guinness
oder Rolls-Royce nie sehr viel verdient, aber wir
hatten die einmalige Chance zu zeigen, was wir
konnten. Es gibt keinen rascheren Weg, um eine neue
Agentur berühmt zu machen. Die Gefahr dabei ist
nur, daß Sie in den Ruf der Einseitigkeit kommen.
Die Geschäftswelt nimmt nämlich an, daß eine kleine
Agentur, die in creativen Dingen genial ist, bei Mar-
keting- und Researchfragen schwach sein muß. Es
kommt sehr selten vor, daß jemand, der in einer
Sparte Außerordentliches zu bieten hat, auch in jeder
anderen Sparte denselben hohen Standard erreicht.
(Ich selber wurde sehr rasch zu einem guten Texter
gestempelt, aber zu einem Dummkopf in jeder ande-

ren Sparte. Das paßte mir nicht, denn meine Aus-
bildung lag nicht im Texten, sondern in der Marktforschung; ich war für Dr. Gallup im Institut für
Publikumsbefragung tätig gewesen.
Das größte Problem, dem sich beinahe jede Agentur
gegenübersieht, ist das Zusammenbauen einer wirklich guten Kampagne. Texter, Atelierchefs und Fern-
sehleute sind leicht zu finden. Aber die Männer, die
alle creativen Kräfte einer Agentur führen können
[ungefähr 100 neue Kampagnen kommen jedes Jahr
heraus], diese Männer können an den Fingern einer
Hand gezählt werden. Diese seltenen Vögel müssen
in der Lage sein, die bunt zusammengewürfelte Gesellschaft von Textern und Künstlern zu inspirieren.
Sie müssen ein unfehlbares Urteil über Kampagnen
haben, die sich auf die verschiedensten Produkte beziehen. Sie müssen in der Lage sein, eine gute Präsentation zu machen, und Nachtarbeit muß ihnen sogar
Vergnügen bereiten. Man sagt, daß ich einer dieser
seltenen Vögel wäre, und manche der großen Agenturen wollte mich haben, selbst auf die Gefahr hin,
daß sie meine ganze Agentur nehmen müßte. Im
Laufe von drei Jahren bekam ich solche Angebote
von J. Walter Thompson, McCann-Erickson, BBDO,
Leo Burnett und von fünf anderen Agenturen. Wenn
sie auf die Idee gekommen wären, mich mit Gold
aufzuwiegen, so hätte ich wohl angenommen. Aber
sie machten alle den Fehler, anzunehmen, daß ich an
einer »creativen Chance«, was immer das auch bedeuten mag, mehr interessiert wäre.)
Eine Agentur, die den einseitigen Ruf hat, besonders

creativ zu sein, bekommt keine großen Kunden.
Aber etwas müssen Sie wagen, wenn Sie je berühmt
werden wollen. Erst als Esty Stowell 1957 zu uns
stieß, bekam unsere Agentur den Ruf, in allen Belan-
gen stark zu sein. Er war Exekutive-Vizepräsident
von Benton & Bowles, einer Agentur, die man in
weiten Kreisen als die beste auf dem Gebiet des
Marketing hielt. Er war das Gegengewicht, das wir
brauchten, um meinen einseitigen Ruf als Texter aufzuwiegen. Er war ja auch ein außerordentlich ge-
schickter Mann. Voll Erleichterung übertrug ich ihm
die Leitung aller Abteilungen in der Agentur, außer
der creativen. Von da an begann unsere Agentur in
größeren Sprüngen zu wachsen.

6. Das Verhältnis zwischen dem Kunden und seiner
Werbeagentur ist ein beinahe so intimes wie das zwischen Patient und Arzt. Vergewissern Sie sich, daß Sie
mit Ihrem zukünftigen Kunden ein angenehmes Verhältnis herstellen können, bevor Sie seinen Etat annehmen.

Jedesmal wenn ein zukünftiger Kunde mich zum
erstenmal besucht, bemühe ich mich zunächst herauszufinden, warum er seine Agentur wechseln will.
Wenn ich den Verdacht habe, daß ihm seine Agentur
gekündigt hat, so frage ich einen Bekannten in seiner
bisherigen Agentur. Gerade neulich kam ich noch
rechtzeitig darauf, daß ein Kunde, der zu uns kommen wollte, von seiner Agentur gekündigt worden
war; seine frühere Agentur sagte mir, daß er eher
einen Psychiater als einen Werbeberater brauche.

7. Ich will keine Kunden, für die die Werbung lediglich

ein Faktor am Rande ihres Marketing-Konzepts ist.
Sie haben die grauenvolle Angewohnheit, ihr Werbe-
budget immer dann zu kürzen, wenn sie für irgend-
einen anderen Zweck Geld brauchen. Da ziehe ich
Kunden vor, für die Werbung lebensnotwendig ist.
Wir arbeiten dann im Herzen des Geschäfts unseres
Kunden und nicht irgendwo am nebensächlichen
Rande.

Im allgemeinen sind die gewinnbringendsten Etats
jene von Produkten mit niederem Verkaufspreis, breiter Verwendung und häufigem Kauf. Das bedingt
nämlich größere Budgets und mehr Möglichkeiten
für Tests als bei teuren Investitionsgütern.

8. Ich übernehme nie ein neues Produkt, bevor es nicht
   wirklich fertig vorliegt. Es sei denn, daß es mit einem
   anderen Produkt, das schon im ganzen Land verkauft
   wird, eng verbunden ist. Es kostet einer Agentur viel
   mehr, ein Produkt auf einem Testmarkt einzuführen,
   als ein Produkt auf einem bestehenden Markt zu
   betreuen. Außerdem sterben acht von zehn Produkten schon auf dem Testmarkt. Mir einer Gewinn-
   spanne von einem halben Prozent können wir uns
   dieses Risiko nicht leisten.

9. Wenn Sie wirklich erstklassige Werbung machen wollen, so nehmen Sie nie eine Vereinigung oder einen
   Verein in Ihre Kundenliste auf. Vor einigen Jahren
   wurden wir eingeladen, uns um den Etat des Verbandes der Kunstseidenhersteller zu bewerben. Pflicht-
   gemäß fand ich mich am Sitz des Verbandes ein und
   wurde in ein pompöses Konferenzzimmer geleitet.
   Der Vorsitzende sagte: »Mr. Ogilvy, wir schauen uns

The quiet upper reaches of the Thames near Lechlade in Gloucestershire

Reward your top executives with a sabbatical year in Britain—on half pay

s the plan. After ten years' service, offer a top executive a year's
on in Britain on half his salary. Say this comes to $12,000. This will
ore than enough for him and his family to live in comfort. Your
will find new stimuli to recharge his batteries and rewind his creative
pring.

THE BEST executive needs new experience
ive him a new lease on life—to broaden
and his perspective.
eds a sabbatical.
ons unwind. Anxieties evaporate. You re-
yourself and your sense of proportion.
new horizons. You wonder at wonders
ou come back feeling ten years younger.
nagement benefits from the change.

The practical side

a $24,000-a-year executive with cash, and
t goes in taxes.
im a year's sabbatical in Britain on half
he pays less taxes at home, while the
his dollars almost doubles in his pocket.
gets the extra reward of time, which is tax

far does $12,000 go in Britain?

rage British executive gets about $8,000
o your man on half pay is affluent.
Her some typical costs: you can rent a
d three-room cottage for $60 a month; you
t $3.75 for bed and breakfast in Britain's
nns. $1.00 buys a good pub lunch. $2.40
ood seat in a London theatre. And $50
elf-drive car for a week, gas included.

Apart from prices—why choose Britain?

A good sabbatical should combine maximum refreshment with minimum strain. Britain scores
gloriously on both counts. Here's why:

1. You do not find yourself among strangers in
Britain. You are among people who speak your
language and share your values. You can enjoy a
play without being a linguist, a movie without
reading subtitles. You exchange ideas as easily as
you do at home.

2. Go motoring in Britain and you re-discover the
long-lost joys of driving. Britain is about the size
of Wyoming, yet there is more road per square
mile than in any other country on earth. You drive
everywhere—and seldom have to hoof it. And over
60,000 inns are waiting to welcome you, many
offering you lodging—without booking in advance.

3. If you have children, don't hesitate to bring
them along. British schools are second to none.
Indeed, the whole courteous atmosphere of Britain
is an object lesson. The country itself is an educa-
tion, for American roots grow deep. Stately homes
and crests bear such names as Washington and
Lee. And the Shakespeare country has even been
known to make a child love poetry. No mean feat.

4. Then there's your own stimulation. This, after

all, is the true purpose of the sabbatical.

Now is the time to read the books you have
missed reading for lack of time or energy. British
universities run gentle summer courses on sub-
jects as varied as economics and the Elizabethan
lyric.

Then there are almost twice as many theatres
in London as there are in New York, and three
dozen British towns have first-rate repertory companies. There are nineteen major festivals each year,
and there are five symphony orchestras in London.

As for sport: golf and hunting are both superb.
Horse racing is a year-round affair. And no place
in Britain is more than 70 miles from the sea. Even
Britain's much-maligned weather may surprise
you. South East England has half the yearly rain-
fall of New York State. There is seldom a day
when you can't enjoy a round of golf.

Does a sabbatical have to be a year?

Not a bit of it. We merely suggest a year because
the gesture has the proper presidential grandeur.

A year gives time for refreshment to come home
to roost, for some say that it takes a couple of
months to assuage a good executive's guilt about
the prospect of a year's idleness. As the senior executive of your company, why not put yourself to
the test? It is only fair to your colleagues.

Presidents please note
For free literature, facts and figures, have your
secretary write to the British Travel Association,
Box 122, on your company letterhead. Any of
the following addresses will do: In New York—
680 Fifth Ave.; in Los Angeles—606 South Hill
St.; in Chicago—39 South La Salle St.; in Canada
—90 Adelaide Street West, Toronto, Ont.

*Seit dieses Inserat läuft, hat sich die Anzahl der amerikanischen Touristen,
die nach England gehen, vervierfacht. »Für eine kleine feuchte Insel ist das
ein ganz schöner Erfolg«, sagte* The Economist.

Es gelang mir, Mrs. Roosevelt für Fernsehspots für »Good Luck Margarine«
zu gewinnen. Hier sagt sie gerade: »Die neue Good Luck schmeckt wirklich
köstlich. Ich finde sie großartig.«

Shell engineer uses stethoscope to help detect noise the car alone can't hear. Today's Super Shell fights three different engine noises to give you top performance.

NOISY ENGINE?

Super Shell's nine ingredients include 3 noise-fighters for top performance. <u>Alkylate</u> fights high-speed knock. <u>TCP</u> fights wild ping. And an <u>anti-knock</u> <u>mix</u> fights ordinary knock.

Here are the facts on 3 pesky engine noises. Why they may be signs of trouble. How one of them could be pounding away in your engine without your knowing it. And how today's Super Shell fights them all.

SHELL scientists will tell you that good gasoline should fight these three engine noises:

• *High-speed knock* – a form of knock that can be damaging, even though it's often hard to hear. Our picture above shows one way that Shell scientists check for it.

• *Wild ping* – a sudden, erratic clatter that's usually caused by gasoline igniting before it should.

• *Plain, old everyday knock* – the familiar, irritating noise that has plagued motorists for years.

Each of these problems calls for a different solution. That's why Super Shell's 9-ingredient blend includes 3 different noise-fighters. If you value your car's engine, the few minutes it takes to read about these noise-fighting ingredients may be well worth your while.

Noise #1. High-speed knock— how Super Shell fights it

High-speed knock makes a sharp, high-pitched noise—like metal tapping against metal. And because it's most likely to occur in hot engines at turnpike speeds – when the wind is really whistling past your car – high-speed knock may be difficult to hear.

But even though you may not hear it, high-speed knock can be bad for your engine. It can pound away at pistons – even lead to costly damage.

Fortunately, high-speed knock isn't too common. But Shell scientists have known about it for a long time. Ever since they pioneered the development of a substance called Alkylate. That was over 20 years ago. Alkylate was used then to combat hot-engine knock in aircraft – a very serious problem at that time. Today, Alkylate is an ingredient in Super Shell gasoline.

Noise #2. Wild ping— how Super Shell fights it

Wild ping doesn't last long. Usually just a few seconds. It sounds like the erratic beat of a nervous drummer.

This clatter is actually a series of premature explosions. Not very good for your engine.

They're caused by glowing deposits that ignite the fuel too soon.

Super Shell's famous TCP additive tackles this problem at the source.

It acts to "fireproof" deposits that might glow and cause trouble. Result: chance of wild ping is greatly reduced.

Noise #3. Ordinary knock— how Super Shell fights it

Most people have heard ordinary knock at one time or another. A Shell expert describes it this way: "Sounds like marbles dropping into an empty oil drum."

Super Shell's anti-knock mix is so powerful that it temps per gallon is enough to raise anti-knock rating a full five points.

This anti-knock mix helps regulate the combustion of today's Super Shell. Thus, each piston gets a firm, even push. Not a sharp, jarring jolt. Result: your engine runs more quietly.

IMPORTANT: If your engine knock persistently, it could be that your ignition timing is out of adjustment. Ask your Shell dealer to take care of this for you.

Now that you know how Super Shell's three noise-fighters work, take a moment more to read how the other ingredients in Super Shell's 9-ingredient blend help your car give you top performance.

How Super Shell's other ingredients help you get top performance

<u>Cat-cracked gasoline</u> helps you get smooth, even power. It's made by actually tearing petroleum apart.

<u>Gum preventive</u> helps keep carburetors clean inside.

<u>Platformate</u> is for extra mileage.

<u>Butane</u> is the quick-starting ingredient. It's so lively it could even boil on ice.

<u>Pentane</u> mix acts like kindling in a log fire, helps speed the warm-up process.

<u>Anti-icer</u> (added in cold weather) helps check carburetor icing that can stall you fast.

SHELL ®

Trademark for Shell's unique gasoline additive. Gasoline containing TCP is covered by U.S. Patent 2890214.

WATCH "SHELL'S WONDERFUL WORLD OF GOLF" ON TV SUNDAY AFTERNOONS

Postversandhäuser, die den Erfolg ihrer Werbung messen können, schreiben immer lange Texte. Ich auch. 25 Prozent der männlichen Leser stürzten sich auf diesen Text, und manche von ihnen tankten von da an Shell.

The Rolls-Royce Silver Cloud – $13,550

"At 60 miles an hour the loudest noise in this new Rolls-Royce comes from the electric clock"

What makes Rolls-Royce the best car in the world? "There is really no magic about it — it is merely patient attention to detail," says an eminent Rolls-Royce engineer.

1. "At 60 miles an hour the loudest noise comes from the electric clock," reports the Technical Editor of THE MOTOR. The silence of the engine is uncanny. Three mufflers tune out sound frequencies — acoustically.

2. Every Rolls-Royce engine is run for seven hours at full throttle before installation, and each car is test-driven for hundreds of miles over varying road surfaces.

3. The Rolls-Royce is designed as an *owner-driven* car. It is eighteen inches shorter than the largest domestic cars.

4. The car has power steering, power brakes and automatic gear-shift. It is very easy to drive and to park. No chauffeur required.

5. There is no metal-to-metal contact between the body of the car and the chassis frame—except for the speedometer drive. The entire body is insulated and under-sealed.

6. The finished car spends a week in the final test shop, being fine-tuned. Here it is subjected to ninety-eight separate ordeals. For example, the engineers use a stethoscope to listen for axle-whine.

7. The Rolls-Royce is guaranteed for three years. With a new network of dealers and parts-depots from Coast to Coast, service is no longer any problem.

8. The famous Rolls-Royce radiator has never been changed, except that when Sir Henry Royce died in 1933 the monogram RR was changed from red to black.

9. The coachwork is given five coats of primer paint, and hand rubbed between each coat, before fourteen coats of finishing paint go on.

10. By moving a switch on the steering column, you can adjust the shock-absorbers to suit road conditions. (The lack of fatigue in driving this car is remarkable.)

11. Another switch defrosts the rear window, by heating a network of 1360 invisible wires in the glass. There are two separate ventilating systems, so that you can ride in comfort with all the windows closed. Air conditioning is optional.

12. The seats are upholstered with eight hides of English leather—enough to make 128 pairs of soft shoes.

13. A picnic table, veneered in French walnut, slides out from under the dash. Two more swing out behind the front seats.

14. You can get such optional extras as an Espresso coffee making machine, a dictating machine, a bed, hot and cold water for washing, an electric razor.

15. You can lubricate the entire chassis by simply pushing a pedal from the driver's seat. A gauge on the dash shows the level of oil in the crankcase.

16. Gasoline consumption is remarkably low and there is no need to use premium gas; a happy economy.

17. There are two separate systems of power brakes, hydraulic and mechanical. The Rolls-Royce is a very safe car—and also a very lively car. It cruises serenely at eighty-five. Top speed is in excess of 100 m.p.h.

18. Rolls-Royce engineers make periodic visits to inspect owners' motor cars and advise on service.

ROLLS-ROYCE AND BENTLEY

19. The Bentley is made by Rolls-Royce. Except for the radiators, they are identical motor cars, manufactured by the same engineers in the same works. The Bentley costs $400 less, because its radiator is simpler to make. People who feel diffident about driving a Rolls-Royce can have a Bentley.

PRICE. The car illustrated in this advertisement—f.o.b. principal port of entry—costs **$13,550**. If you would like the rewarding experience of driving a Rolls-Royce or Bentley, get in touch with our dealer. His name is on the bottom of this page. Rolls-Royce Inc., 10 Rockefeller Plaza, New York, N.Y.

JET ENGINES AND THE FUTURE

Certain airlines have chosen Rolls-Royce turbojets for their Boeing 707's and Douglas DC8's. Rolls-Royce prop-jets are in the Vickers Viscount, the Fairchild F.27 and the Grumman Gulfstream.

Rolls-Royce engines power more than half the turbo-jet and prop-jet airliners supplied to or on order for world airlines.

Rolls-Royce now employ 42,000 people and the company's engineering experience does not stop at motor cars and jet engines. There are Rolls-Royce diesel and gasoline engines for many other applications.

The huge research and development resources of the company are now at work on many projects for the future, including jet clear and nuclear propulsion.

See the Rolls-Royce and Bentley at Stand 13, International Automobile Show, New York Coliseum, April 5-13.

In der Werbung sind Tatsachen immer besser als vages Gerede. Je mehr Tatsachen Sie mitteilen, um so mehr werden Sie verkaufen. Beachten Sie doch die lange Überschrift und 719 Wörter Text – aber alles Tatsachen.

verschiedene Agenturen an. Sie haben genau 15 Minuten Zeit, dann läutet die Glocke, und der Vertreter der nächsten Agentur, der bereits draußen wartet, kommt herein.« Bevor ich in den Ring stieg, stellte ich drei Fragen: »Wie viele Möglichkeiten der Verwendung von Kunstseide müssen in Ihrer Kampagne aufscheinen?«

Die Antwort: »Automobilreifen, Polsterstoffe, Industrieprodukte, Damenkleider, Herrenbekleidung.«

»Wieviel Geld haben Sie?«

Antwort: »600 000 Dollar.«

»Wie viele Leute müssen die Anzeigen genehmigen?«

Antwort: »Die 12 Mitglieder des Komitees, die die 12 Fabrikanten vertreten.«

»Läuten Sie die Glocke«, sagte ich und marschierte hinaus.

Bei beinahe allen Etats von Vereinigungen sind solche Situationen gang und gäbe. Zu viele Herren, zu viele Einwände, zuwenig Geld.

10. Manchmal bietet Ihnen ein zukünftiger Kunde seinen Etat an unter der Bedingung, daß Sie eine bestimmte Person, die er für die Abwicklung seiner Werbung für unentbehrlich hält, engagieren. Agenturen, die sich auf dieses Spiel einlassen, bringen eine Belegschaft von Intriganten zusammen, die sich bei Besprechungen groß aufspielen, ihre Cheftexter übergehen und ihre Geschäftsleitung erpressen. Ich habe schon wirklich fähige Leute engagiert unter der Bedingung, daß sie einen Etat, den sie sozusagen in der Tasche hatten, nicht mitbrächten.

Es ist allerdings beinahe unmöglich, selbst wenn Sie noch so genaue Nachforschungen über Ihre zukünftigen Kunden anstellen, festzustellen, ob sie alle diese Anforderungen erfüllen. Dazu müßten Sie dem Kunden von Angesicht zu Angesicht gegenüberstehen. Dann sind Sie allerdings in einer sehr kritischen Situation. Sie müssen nämlich gleichzeitig Ihre Agentur verkaufen und von Ihrem möglichen Kunden genaue Informationen über sich und sein Produkt herausbringen, um zu entscheiden, ob Sie den Etat überhaupt wollen. Es macht sich bezahlt, wenn Sie in solchen Fällen mehr zuhören als sprechen. In meiner Anfängerzeit beging ich manchmal den Fehler, zuwenig Begeisterung für einen Etat zu zeigen, für den ich mich bewarb. Meine Art war zu unverbindlich. So hatte zum Beispiel Ted Moscoso, der brillante Werbechef für Puerto Rico, als er mich das erstemal sah, den Eindruck, daß es mir gänzlich gleichgültig war, ob er uns seinen Etat gäbe oder nicht. Ich brauchte lange, um ihn davon zu überzeugen, daß ich wirklich für Puerto Rico arbeiten wollte. Kurz nachdem wir dazu auserwählt worden waren, für Puerto Rico als Werbeagentur tätig zu sein, schrieb ich an Moscoso:

> Wir müssen das schmutzige Image, das Puerto Rico jetzt für die meisten Menschen hat, durch ein liebenswertes ersetzen. Das ist von ausschlaggebender Bedeutung für Ihre Rumindustrie, für Ihren Fremdenverkehr und Ihre politische Entwicklung.
> Was ist Puerto Rico? Was für einen Charakter hat diese Insel? Welches Gesicht soll Puerto Rico der Welt zeigen? Ist Puerto Rico nur ein rückständiges Land, welches gerade seine industrielle Revolution durchmacht? Soll die Insel das bleiben, was Max Ascoli »the Formosa of the New Dealers« nennt?

Wird es ein Nord-Philadelphia der Gegenwart, oder
ist ein gesunder Kern in seiner Wirtschaft?
Soll Puerto Rico von Rucksacktouristen überrannt
werden, um so zu einem zweitklassigen Miami
Beach zu werden? Haben die Puertoricaner in ihrem
Eifer, zu beweisen, wie amerikanisch sie sind, ihr
spanisches Erbe vergessen?
Diese drohenden Tragödien müssen nicht wahr werden, und einer der sichersten Wege, sie zu verhindern, ist eine langfristige Werbekampagne, die Puerto
Rico der Welt in dem Image präsentiert, das uns allen
vorschwebt: das wiedergeborene Puerto Rico.

Ted Moscoso und der Governor Munoz waren mit diesen Vor-
schlägen einverstanden, und wir starteten die Kampagne, die
heute – nach neun Jahren – immer noch läuft. Sie hatte eine
tiefgreifende Auswirkung auf den Wohlstand von Puerto Rico,
und ich glaube, daß es ein einzig dastehendes Beispiel dafür ist,
wie eine Werbekampagne das Image eines Landes verändert hat.
Irgendwann im Jahre 1959 hatte ich ein Mittagessen mit Moscoso,
Beardsley Ruml und Elmo Roper im Century. Auf unserem Weg
zurück ins Büro sagte Moscoso zu mir: »David, du machst jetzt
unsere Werbung für Puerto Rico seit fünf Jahren. Heute nachmittag werde ich alle deine anderen Kunden anrufen und sie auffor-
dern, dir gemeinsam mit mir einen Vorschlag zu machen: Wenn
du dich verpflichtest, keine neuen Kunden mehr dazuzunehmen,
so versprechen auch wir dir ewige Treue. Wäre es nicht interes-
sant für dich, deine Energie den Kunden zu widmen, die du
bereits hast, und damit aufzuhören, deine Zeit damit zu verschwenden, neuen Kunden nachzulaufen?«
Ich war sehr geneigt, auf diesen Vorschlag einzugehen. Es ist

natürlich faszinierend, neuen Kunden nachzujagen, aber jeder
neue Kunde bedeutet für mich noch mehr Arbeit zu Hause.
80 Stunden in der Woche sollten eigentlich genügen. Aber meine
jüngeren Partner wollten neue Aufgaben, und, was noch mehr ist,
sogar die besten Agenturen verlieren Etats. Es kommt vor, daß
Kunden ihre Gesellschaften verkaufen oder irgendeinen besonders »Wilden« als Werbeleiter engagieren, und in solchen Fällen
habe ich mich immer zurückgezogen. Und so kommt es, daß
man, wenn man aufhört, neue Kunden zu suchen, anfängt, sich
zu Tode zu bluten. (Aber das bedeutet keineswegs, daß Sie nun
dem Beispiel von Ben Duffy folgen sollen. Während er Chef von
BBDO war, nahm er jeden Etat, der ihm angeboten wurde, und
hatte schließlich 167 Kunden; unter dieser Last brach er beinahe
zusammen. Stanley Resor war genau das Gegenteil. In seinem
ersten Jahr als Chef von J. Walter Thompson kündigte er 100 un-
bedeutenden Kunden, die keinen Gewinn brachten. Das war sein
erster Schritt auf dem Weg, der schließlich J. Walter Thompson
zur größten Agentur der Welt machte.)
Enthusiasmus ist aber nicht immer der beste Weg zum Erfolg.
Fünf- oder sechsmal kam ich darauf, daß die Kunden, die ich
abgelehnt hatte, weil sie nicht unseren Anforderungen entspra-
chen, uns um so mehr als Agentur wollten. Als uns eine berühmte Schweizer Uhrenmarke angeboten wurde, lehnten wir
ab, da die Werbung nicht nur von der Zentrale in der Schweiz,
sondern auch vom amerikanischen Importeur genehmigt werden
mußte und eine Werbeagentur unmöglich zwei Herren dienen
kann. Aber anstatt schlicht und einfach abzulehnen, sagte ich, wir
würden den Etat übernehmen, wenn wir 25 Prozent Provision
anstatt 15 Prozent bekämen – und siehe da, der Kunde stimmte
zu.
Manchmal teilt der Fabrikant, der eine neue Agentur sucht, die

Namen jener Agenturen, die er für möglich hält, in Zeitungen mit. Sooft dies geschah, zog ich mich sofort zurück. Es ist unklug zu riskieren, daß man öffentlich von einem anderen besiegt wird. Ich will in der Öffentlichkeit Erfolge haben. Die Mißerfolge können ruhig geheim bleiben.

Ich nehme nie an Wettbewerben mit mehr als vier anderen Agenturen teil. Solche Wettbewerbe bringen eine Reihe von langen Besprechungen mit sich, und eine erstklassige Agentur steht natürlich auf der Liste beinahe jedes Kunden, der eine neue Agentur sucht, und so kann es nur zu leicht geschehen, daß der führende Mann der Agentur seine Zeit auf diese Art vergeudet. Wir haben anderes zu tun – wir müssen unsere Kunden bedienen.

Der angenehmste Wettbewerb ist natürlich der, an dem keine anderen Agenturen teilnehmen. Das wird allerdings immer seltener, da die entscheidenden Leute es für unklug halten, eine Agentur zu engagieren, ohne vorher ihre Vorzüge mit verschiedenen anderen verglichen zu haben. In einem späteren Kapitel werde ich diesen Herren Gratisratschläge geben, wie man am besten eine neue Agentur aussucht.

Die meisten Agenturen schicken einen ganzen Stab von Mitarbeitern zur ersten Präsentation. Der Chef der Agentur beschränkt sich meistens darauf, eine große Anzahl von Mitarbeitern vorzustellen, von denen sich dann einer nach dem anderen in feierlicher Weise an den Kunden wendet. Ich habe es immer vorgezogen, die Präsentation selbst zu machen. Die letzte Entscheidung liegt meistens doch immer beim obersten Chef, und ich halte es für richtig, daß ein Chef zum anderen spricht.

Es fiel mir auch auf, daß es leicht zu Verwechslungen mit anderen Agenturen, die sich auch um den Etat bemühen, kommen kann, wenn die Redner häufig wechseln. Jedes Orchester schaut aus wie alle anderen, aber die Dirigenten kann man voneinander sehr wohl unterscheiden. Als wir uns um den Sears-Roebuck-Etat bemühten, war ich es auch selbst, der den Direktoren gegenübertrat. Intellektuelle Kreise werden selten durch ein Aufgebot von vielen Menschen beeindruckt. Die Agenturen, die die meisten neuen Kunden bekommen, verlassen sich meistens auf ihren Führer, der eine Einmannschau abzieht. Wenn Sie das nicht gerade sehr einnehmende Aussehen von manchen dieser Solisten kennen, so müssen Sie unbedingt zugeben, daß Einmaligkeit offenbar eine wichtige Voraussetzung ist, um neue Kunden zu gewinnen.

Ich verberge vor zukünftigen Kunden keineswegs unsere verwundbaren Stellen, denn ich kam darauf, daß ein Antiquitätenhändler, der meine Aufmerksamkeit auf Risse in einem alten Möbelstück lenkt, damit auch mein Vertrauen gewinnt.

Welche sind nun unsere verwundbaren Stellen? Die beiden wichtigsten wohl diese:

> Wir haben keine Abteilung für Public Relations, und ich glaube, daß Public Relations vom Kunden selbst betreut werden sollen oder von einem speziellen Fachmann für Public Relations.
> Wir haben nie eine große Fernsehrevue produziert. Ich habe einen Horror vor solchen Extravaganzen, welche meistens viel zuviel kosten im Vergleich zur Seherzahl, die sie im besten Fall haben.

Was immer ich auch tat, es ist mir nie gelungen, die neuen Kunden gerade dann zu bekommen, wenn sie mir angenehm waren. Monatelang geschah nichts, und ich fragte mich schon, ob wir überhaupt je noch einen neuen Kunden bekommen würden.

Meine Mitarbeiter wurden schon unruhig. Dann kamen drei solche Goldfische in so kurzen Abständen, daß wir unter der Last dringender Arbeit beinahe zusammenbrachen. Ich sehe die einzige Lösung darin, eine Warteliste für Kunden anzulegen, um sie dann hereinzulassen, wenn es uns paßt. Das wäre ein Leben . . .

III

Wie man Kunden behält

Das verflixte siebente Jahr gibt es nicht nur in der Ehe, es gibt so etwas auch im Leben zwischen Werbeagentur und Kunden. Der Durchschnittskunde wechselt seine Agentur alle sieben Jahre. Seine Agentur wird ihm überdrüssig, so wie es einem Feinschmecker mit der Speisekarte seines Lieblingslokals geht. Wenn man einen neuen Kunden bekommt, so kann einem das leicht zu Kopf steigen. Wenn man aber einen Kunden verliert, so ist das einfach grauenvoll. Was können Sie tun, um Ihre anderen Kunden davon zu überzeugen, daß sie Ihnen nicht auch kündigen sollen? Ich habe es erlebt, wie zwei große Agenturen zugrunde gegangen sind, nur weil ein Kunde abgesprungen ist und dadurch einen Bankensturm ausgelöst hat. Es ist ein jammervolles Schauspiel.

Wie beruhigt der Chef einer Agentur sein Gewissen, wenn er weiß, daß es seine Schuld war, daß die Agentur einen Kunden verloren hat? Wie kann er mit gutem Gewissen Leute hinausschmeißen, die an dem Etat gearbeitet haben und alles taten, um die Dummheit ihres Chefs wettzumachen? Einige von ihnen sind sicher selbst fähige Leute, und er würde sie beim nächsten Kunden, den er bringt, dringend brauchen. Aber kann er es sich leisten, sie auf Eis zu legen? Meistens nicht. Ich konnte zusehen, wie Agenturen 100 Leute entließen, weil sie einen einzigen Etat verloren hatten, und einige von diesen armen Teufeln waren zu

alt, um irgendwo anders angestellt zu werden. Das ist einer der
Gründe, warum Agenturen so hohe Gehälter zahlen müssen.
Die Werbung ist nach dem Theater wahrscheinlich der unsicher-
ste Berufszweig von allen.

Wenn Sie eine Agentur leiten, so müssen Sie sich damit abfinden,
daß Sie immer am Rande des Abgrundes wandeln. Wenn Sie nun
von Natur aus ein unsicheres, furchtsames Wesen sind, dann
wehe Ihnen! Sie werden Entsetzliches mitmachen.

Ich beneide immer meine Freunde, die Ärzte sind. Sie haben so
viele Patienten, daß der Tod eines einzigen sie in keiner Weise
ruiniert. Außerdem wird das Ableben eines Patienten nicht gleich
allen anderen bekannt.

Ich beneide aber auch Rechtsanwälte. Sie können auf Urlaub
gehen und sind sicher, daß andere Rechtsanwälte mit ihren Kunden inzwischen nicht zu kokettieren beginnen. Nun, da ich 19
ausgezeichnete Kunden habe, wünsche ich nichts sehnlicher, als
daß ein Gesetz herauskommt, welches allen Agenturen verbietet,
sich um Kunden zu bewerben. In Schweden haben die großen
Agenturen ein solches Prinzip, wodurch dem Wirtschaftsleben
vernünftige Schranken auferlegt werden.

Es gibt gewisse Prinzipien, um den Umsatz zu steigern: Zunächst
einmal müssen Sie Ihre besten Köpfe die bestehenden Etats
bearbeiten lassen, anstatt sie zur Gewinnung neuer Kunden einzusetzen. Ich habe meinen Account Executives immer verboten,
auf Kundenjagd zu gehen. Das verdirbt sie genauso, wie wenn sie
beim Pferderennen Wetten abschließen. Sie vernachlässigen dann
ihre existenten Kunden, und die Drehtür beginnt sich in Bewegung zu setzen.

Dann müssen Sie sich vor unbeständigen, streitsüchtigen Mitarbeitern hüten. Madison Avenue ist voll von Masochisten, die
unbewußt Ablehnung bei den Kunden hervorrufen. Ich kenne

großartige Leute, die jeden Etat, den sie bearbeitet haben, verloren, und ich kenne höchst mittelmäßige Typen, die eine Begabung dafür haben, eine ruhige, dauerhafte Verbindung zwischen Agentur und Kunde herzustellen.

Drittens dürfen Sie nie Kunden nehmen, die den Ruf haben, ihre Agentur häufig zu wechseln. Glauben Sie nicht, daß Sie diese Herrschaften von ihrer Neigung zur Unbeständigkeit werden heilen können. Das Schicksal ist gegen Sie, geradeso, wie wenn Sie eine schon mehrmals geschiedene Frau heiraten.

Viertens müssen Sie versuchen, den Kontakt mit Ihrem Kunden auf verschiedenen Ebenen zu pflegen. Das allerdings wird immer schwieriger, weil die großen Kunden Ebene auf Ebene häufen. Der Assistent des Artikelchefs ist dem Artikelchef untergeben, dieser dem Verkaufsdirektor, dieser dem Generaldirektor, und dann kommt noch der Präsident und eine Unmenge von Beratern und Komitees, die nichts anderes tun, als auf der Agentur herumzuhacken.

Es gehört zum guten Ton, daß sich Generaldirektoren und Präsidenten immer mehr von jedem Kontakt mit ihrer Agentur zurückziehen. Natürlich treffen sie alle wichtigen Entscheidungen, die mit der Werbung zu tun haben, aber sie sehen die Leute von der Werbeagentur nie von Angesicht zu Angesicht, und ihre Untergebenen sind oft zu dumm, um als Verbindungsleute tätig zu sein. Ich höre oft, wie Werbeleiter sagen, daß ihre Generaldirektoren irgendeine Meinung geäußert haben, wobei ich sicher bin, daß sie nie so einen Unsinn sagen würden. Und ich bin fest überzeugt davon, daß dieselben Generaldirektoren wieder Dummheiten berichtet bekommen, die ich angeblich gesagt hätte, und so kommt es vor, daß Sie, ehe Sie sich's versehen, gekündigt werden.

Das erinnert mich an eine Geschichte aus dem Ersten Weltkrieg.

Ein Brigademajor schickte einen Meldegänger mit einer Botschaft
von der Frontlinie zurück ins Divisionshauptquartier. »Send up
reinforcements, we are going to advance.« Als die Botschaft
endlich die lange Kette von Mund zu Mund das Hauptquartier
erreicht hatte, lautete sie: »Send up three-and-four-pence, we are
going to a dance.«

Einer der Gründe, warum die leitenden Herren großer Unternehmungen nur auf drei Meter Abstand mit den Agenturen zu
tun haben wollen, liegt darin, daß sie die Werbung an sich nicht
mögen. Sie bleibt ihnen immer ein Rätsel. Wenn sie neue Fabri-
ken bauen, neue Aktien ausgeben oder Rohmaterial einkaufen,
dann wissen sie ganz genau, was sie dafür bekommen. Solche
Vorschläge werden ihnen klipp und klar vorgelegt, mit all den
Unterlagen und Zahlen, die sie brauchen, um die Entscheidung
ihren Aktionären gegenüber rechtfertigen zu können. Aber
Werbung ist noch immer eine sehr risikoreiche Spekulation. Wie
sagt doch Lord Leverhulme und später John Wanamaker: »Die
Hälfte von dem Geld, das ich für die Werbung ausgebe, ist
verschwendet, und mein Problem ist nun, daß ich nicht weiß,
welche Hälfte.«

Kunden, die von der Produktion herkommen, von der Finanz-
buchhaltung oder von der Marktforschung, sind besonders geneigt, der Werbung gegenüber mißtrauisch zu sein, weil sie ganz
einfach zu sehr an Zahlen hängen. Das ist der Grund, warum
manche von den verworrenen Dummköpfen sich als Chefs von
Werbeagenturen so gut bewähren. Sie geben ihren Kunden ein
Gefühl des Wohlbehagens.

Eine andere Möglichkeit zur Verringerung des Risikos, einen
Kunden zu verlieren, ist meine »Kühlschrank-Methode«. So wie
ein Kunde eine Kampagne genehmigt hat, fangen Sie an, eine
neue für den Testmarkt auszuarbeiten. Sie sind dann immer

bereit für den Fall, daß Ihre Kampagne durchfällt oder aus irgendeinem Grunde der obersten Geschäftsleitung Ihres Kunden mißfällt. Diese unausgesetzte Produktion von Reservekampagnen wirkt sich natürlich auf Ihren Gewinn nachteilig aus und strengt Ihre Texter sehr an, aber Sie behalten Ihre Kunden länger.

Ich habe mich immer bemüht, die Probleme meiner Kunden von deren Standpunkt aus zu sehen. Ich kaufe Aktien ihrer Gesellschaft, so daß ich wirklich wie ein Familienmitglied mit ihnen fühlen kann. Wenn ich mir einen Gesamtüberblick über ihr Geschäft verschafft habe, so kann ich ihnen vernünftigere Ratschläge geben. Es fiele mir natürlich noch leichter, mich mit ihren Problemen zu identifizieren, wenn sie mich in ihren Vorstand wählten.

Junge, übereifrige Leute haben oft die glänzende Idee, zwei ihrer Kunden zu einer gemeinsamen Aktion zusammenzuspannen. Sie schlagen dann zum Beispiel vor, daß ein Kunde ein Preisausschreiben veranstaltet und als Preis Produkte des anderen Kunden aussetzt oder daß zwei Kunden eine Anzeige in Tageszeitungen teilen. Derlei Dinge können für die Agentur sehr gefährlich werden; es ist beinahe unvermeidlich, daß sich einer der beiden Kunden benachteiligt fühlt. Wenn Sie nun versuchen, sich als Schiedsrichter zwischen Ihren beiden Kunden aufzuspielen, so werden Sie sich sicher dabei die Finger verbrennen. Mir wurde von Anfang an gesagt, ich möge meine Kunden auseinanderhalten. Nur einmal begegnete der Chef von Hathaway dem Chef von Schweppes, nämlich an dem Morgen, als sie beide einen Rolls-Royce kauften.

Ich entschuldige mich bei einem Kunden, wenn ich an einer Verkaufskonferenz nicht teilnehmen kann, nie mit der Begründung, daß ich bereits einen Termin mit einem anderen Kunden hätte. Polygamie geht nur dann gut, wenn Sie es verstehen, jede

Frau glauben zu machen, daß sie die einzige ist. Wenn mich ein
Kunde fragt, welche Ergebnisse die Kampagne eines anderen
Kunden gezeigt hätte, so wechsle ich das Thema. Das mag ihn
vielleicht im Augenblick verärgern, aber wenn ich ihm die Infor-
mation gäbe, so müßte er doch annehmen, daß ich in ähnlicher
Weise auch mit seinen Geheimnissen verfahre. Und wenn ein
Kunde einmal das Vertrauen in Ihre Verschwiegenheit verloren
hat, dann ist es ohnedies um Sie geschehen.

Manchmal engagiert ein Kunde einen Werbeleiter, der absolut
nichts von der Werbung versteht, so daß wir es seinem Vorgesetzten sagen müssen. Ich habe dies allerdings nur zweimal in 15 Jahren getan. Im einen Fall war der Mann ein Psychopath, den ich
sechs Monate früher hinausgeschmissen hatte, und im zweiten
Fall handelte es sich um einen pathologischen Lügner.

Die meisten vernünftigen Kunden erwarten von Ihnen, daß Sie
auf schwache Punkte in der Zusammenarbeit zwischen ihrer
Geschäftsleitung und Ihnen hinweisen. Ich wurde einmal von
einem Kunden zur Rede gestellt, weil ich ihm nicht gesagt hatte,
daß unser Kontakter den Marketingplan für seinen Artikelchef
entworfen hatte. Kunden zögern nie, sich über Kontakter zu
beschweren. Manchmal haben sie recht, manchmal unrecht. In
beiden Fällen ist es aber besser für alle Beteiligten, wenn dem
armen Opfer eine andere Beschäftigung gegeben wird, und zwar
noch bevor die Flammen über dem Dach zusammenschlagen
und das Verhältnis zwischen Kunde und Agentur von Grund auf
erschüttert wird.

Einer meiner besten Kollegen wurde während eines Jahres von
drei Kunden abgelehnt. Diese Erfahrung verletzte ihn so, daß er
das Agenturgeschäft für immer verließ. Wenn Sie zu zart besaitet
sind, um derlei Dinge zu überleben, sollten Sie nicht Kontakter in
einer Werbeagentur werden.

Ich verwende immer die Produkte meiner Kunden. Dies hat nichts mit Speichelleckerei zu tun, sondern das verlangt der Anstand. Fast alles, was ich verwende, wird von einem meiner Kunden erzeugt. Meine Hemden sind von Hathaway, meine Kerzenleuchter von Steuben, mein Auto von Rolls-Royce, und der Tank dieses Wagens ist immer voll mit Super-Shell. Meine Anzüge werden von Sears Roebuck gemacht. Zum Frühstück trinke ich Maxwell-House-Kaffee oder Tetley-Tee und esse zwei Scheiben Pepperidge-Farm-Toast. Ich wasche mich mit Dove, verwende Ban Deodorant und zünde meine Pfeife mit einem Zippo-Feuerzeug an. Nach Sonnenuntergang trinke ich nichts als Rum aus Puerto Rico und Schweppes, ich lese Zeitschriften und Zeitungen, die auf Papier gedruckt sind, das International Paper herstellt, und wenn ich auf Urlaub gehe (natürlich in England oder Puerto Rico), so lasse ich meine Buchungen durch American Express machen und reise mit KLM oder P & O Orient Lines. Und können Sie mir sagen, warum ich das nicht tun soll? Sind das nicht die besten Waren und die erlesensten Dienstleistungen auf der Welt? Ich bin überzeugt davon, und deshalb mache ich auch Werbung für sie.

Wenn sich ein Kunde für unsere Agentur entscheidet, so tut er das, weil er glaubt, daß unsere Agentur die beste für ihn sei. Seine Ratgeber kamen nach sorgfältigen Studien zu diesem Entschluß. Im Laufe der Zeit allerdings bekommt er neue Ratgeber, und sooft das geschieht, ist es ratsam für die Agentur, auch die neuen Ratgeber davon zu überzeugen, daß der Entschluß ihrer Vorgänger richtig war. Diese neuen Leute müssen wie neue Kunden behandelt werden.

Wenn es sich bei Ihren Kunden um große Gesellschaften handelt, so müssen Sie dauernd neue Leute von der Tüchtigkeit Ihrer Agentur überzeugen. Das ist nicht sehr angenehm und braucht schrecklich viel Zeit, aber es ist lebensnotwendig. Neue Leute sind eine dauernde Bedrohung des Verhältnisses zwischen Agentur und Kunde. Das Gefährlichste, was einer Agentur passieren kann, ist die Abhängigkeit von einer einzelnen persönlichen Verbindung zum Kunden. Wenn der Präsident einer großen Gesellschaft Ihre Agentur auswählt, weil er Ihren Geschäftsführer gut leiden kann, so ist es unerläßlich notwendig, sofort damit zu beginnen, persönlichen Kontakt auf niederer Ebene zu spinnen. Nur wenn die Agentur auf allen Linien gute Kontakte hält, kann auf eine lange, erfolgreiche Zusammenarbeit gehofft werden.

Ich glaube, daß es nicht gut ist, wenn der Kontakt zum Kunden auf den Kontakter beschränkt bleibt. Es erweist sich als sehr gut, wenn auch Leute anderer Abteilungen, Marktforschung, Streuung, Text, Studio, Fernsehen, Merchandising etc., die Kunden kennen. Das verursacht manchmal gewisse Schwierigkeiten, denn verschiedene unserer Mitarbeiter zeichnen sich nicht gerade durch allzuviel Takt aus, und manche von ihnen haben kein sehr gewinnendes Wesen. Ein Kunde muß schon mit einiger Phantasie begabt sein, um sich vorstellen zu können, daß ein wortkarger und schwerfälliger Bursche einen Fernsehspot schreiben kann, der die Umsätze verdoppelt.

Ein Arzt kann nur schwer seinem Patienten sagen, daß er an einer lebensgefährlichen Krankheit leidet, und es ist genauso schwierig, einem Kunden beizubringen, daß sein Produkt einen schwerwiegenden Fehler hat. Ich kenne Kunden, die eine solche Offenheit mehr verletzt, als wenn ihre Frauen kritisiert würden. Der Stolz eines Produzenten ist sein Produkt, und das macht ihn meist den Nachteilen gegenüber blind. Aber einmal kommt für jeden Werbemann die Zeit, daß er ein solch heißes Eisen anfassen muß. Ich muß gestehen, daß ich das gar nicht gut kann. Einmal sagte ich einem Kunden, daß ich nicht ganz davon überzeugt sei, daß seine Spaghetti gut genug seien, und wurde als Reaktion darauf von ihm gefragt, ob ich denn wirklich glaube, für ein Produkt erfolgreich arbeiten zu können, das ich nicht mochte. Wir haben diesen Etat verloren. Im großen und ganzen aber kam ich dahinter, daß Kunden mehr und mehr eine gewisse Offenheit schätzen, besonders dann, wenn sie auf gründlicher Konsumentenbefragung basiert. Der Chef einer Agentur hat so viel zu tun, daß er seine Kunden nur sehen kann, wenn Schwierigkeiten auftauchen. Das ist falsch. Wenn Sie es sich zur Gewohnheit machen, Ihre Kunden auch dann zu besuchen, wenn der Himmel blau ist, so können Sie einen angenehmen Kontakt herstellen, der möglicherweise Ihr Leben rettet, wenn einmal Gewitterwolken aufziehen.

Es ist wichtig, daß Sie Ihre Fehler zugeben, und zwar bevor man Ihnen diese vorwirft. Viele Kunden sind von Intriganten umgeben, die es meisterhaft beherrschen, die Agentur für ihre Fehler verantwortlich zu machen. Ich ergreife die erstbeste Gelegenheit, um derlei Dinge richtigzustellen. Wenn ich es mir überlege, so haben wir dreimal so vielen Kunden gekündigt, wie Kunden uns kündigten. Ich gestatte es nicht, daß meine Mitarbeiter von Tyrannen schlecht behandelt werden, und ich werde keine Kampagne, die vom Kunden diktiert wird, hinausgehen lassen, wenn ich nicht selbst von der prinzipiellen Richtigkeit überzeugt bin. Wenn Sie das nämlich tun, so untergraben Sie den creativen Ruf der Agentur, den Sie wie Ihren Augapfel hüten sollten.

1954 beging ich diesen entscheidenden Fehler. Mein Freund Jerry Babb von Lever Brothers bestand darauf, daß wir die bereits bekannte Rinso-Seife zusammen mit dem neuen blauen Rinso-Waschpulver inserieren. Ich war durch eine Studie davon überzeugt, daß es nicht gut ist, zwei Produkte in einer Anzeige zu vereinigen, besonders dann nicht, wenn eines davon neu und eines alt ist. Um die Sache noch schlimmer zu machen, verlangte

Jerry von mir, daß ich der ganzen Kampagne einen Akzent etwas schrulliger Fröhlichkeit gebe. Ich bemühte mich wochenlang, ihm eine seriöse Kampagne zu verkaufen, ähnlich denen, die für Tide und andere Waschmittel erfolgreich waren. Aber Jerry blieb standhaft. Sturmwarnung wurde gegeben. Seine rechte Hand ließ mich wissen, daß ich den Etat verlieren würde, wenn ich seinen Wünschen nicht nachkäme. Schließlich gab ich nach. Nach zwei Stunden und einem Viertelliter Puerto-Rico-Rum schrieb ich den dümmsten Text, der je in der Geschichte der Werbung geschrieben wurde. Es war ein Reim und sollte nach einem bekannten Lied gesungen werden.

> Rinso weiß oder Rinso blau,
> die Wahl liegt bei Ihnen, gnädige Frau.
> Beides wäscht weißer von Mal zu Mal,
> Seife oder Pulver, Sie haben die Wahl.

Dieser schreckliche Knüttelvers erschien. Ich verlor dabei gründlich mein Gesicht, mehr als ich es mir leisten konnte. Meine Mitarbeiter glaubten, ich wäre verrückt geworden, und ihre Partner bei Lever Brothers waren nun davon überzeugt, daß ich keine Ahnung davon hätte, mit welcher Werbung man Hausfrauen dazu bringen könnte, ein Waschpulver zu kaufen. Sechs Monate später wurde uns gekündigt, und es geschah uns recht.
Aber das war nicht das schlimmste. Jahrelang war es mir unmöglich, einen ersten Marketing-Man für Ogilvy, Benson & Mather zu bekommen, bevor ich ihm nicht versichert hatte, daß auch ich diese Rinso-Kampagne für absolut idiotisch hielt. Diese Episode lehrte mich, daß es sich nicht lohnt, Kunden in entscheidenden Fragen nur um des lieben Friedens willen nachzugeben. Ein München sollte uns genügen.

Ich gebe einen Etat sofort auf, wenn er für meine Agentur keinen Gewinn mehr abwirft. Dies geschah zum Beispiel im Falle von Reed & Barton. Unsere Provision war nicht hoch genug, um all die Dienstleistungen zu decken, die von uns erwartet wurden, und Roger Hallowell, der dieses erstklassige Familienunternehmen führte, war nicht bereit, uns für die Verluste, die wir dadurch erlitten, eine Rekompensation zu gewähren. Ich konnte Roger und seine Kollegen bei Reed & Bartor sehr gut leiden, aber ich wollte nicht endlos draufzahlen. Ich glaube, daß sie damals einen Fehler machten, als sie unsere Kündigung annahmen. Wir haben sicher wesentlich zu ihrem Gewinn beigetragen, indem wir ihnen zeigten, wie man neue Muster auf Silberwaren testet. Ein neues Muster herauszubringen kostet 500 000 Dollar, und ein Mann kann unmöglich voraussagen, welches Muster einer 19 Jahre alten Braut besonders zusagt.

Ich gebe auch Etats auf, sobald ich das Vertrauen in das Produkt verliere. Es ist absolut schändlich, wenn ein Werbemann Konsumenten dazu bringen will, ein Produkt zu kaufen, das zu erstehen er seiner Frau verbieten würde.

Frank Hummert, der Nachfolger von Claude Hopkins als Cheftexter von Lord & Thomas wurde und später ein Vermögen machte, sagte mir einmal: »Alle Kunden sind Schweine. Sie mögen anfangs anders denken, aber Sie werden sicher Ihre Meinung ändern.«

Ich habe diese Erfahrung nicht gemacht. Mir sind vielleicht eine Handvoll solcher Leute begegnet, und denen habe ich auch gekündigt. Aber mit sehr geringen Ausnahmen liebe ich meine Kunden. Ich hätte Ted Moscoso, den größten Puertoricaner, der amerikanischer Botschafter in Venezuela wurde und die Allianz für den Fortschritt leitet, nie kennengelernt, wenn wir nicht seine Werbeagentur gewesen wären. Wenn wir nicht den Steuben-

Glas-Etat bekommen hätten, wäre ich nie ein Freund von Arthur
Houghton geworden. Es war für mich ein großer Tag, als ich
erkannte, daß ich einen Kunden hatte, der ein begeisterter Mäzen
moderner Künstler war. Ein hervorragender Kenner seltener
Bücher und der wunderbarste Menschenfreund.

Die Reihe meiner Kunden, die liebe Freunde von mir wurden, ist
lang. Ellerton Jettè von Hathaway machte mein Leben schöner,
indem er mich in das Kuratorium des Colby College berief. Sir
Colin Anderson von P & O Orient Lines ist der einzige Kunde,
der sowohl in schottischen Volkstänzen als auch in Fragen der
Stickerei ein absoluter Fachmann ist. Commander Whitehead
von Schweppes begann als Kunde und wurde einer meiner eng-
sten Kampfgefährten. Wir erlebten zusammen Schiffbruch, und
unsere Frauen versuchten sich gegenseitig über den Verlust des
Gatten hinwegzutrösten.

Ich war immer von Helena Rubinstein fasziniert. Diese zierliche
Schönheit aus Polen begann ihre Karriere in Australien im
19. Jahrhundert und machte mit 18 Jahren bereits 30 000 Pfund
Gewinn. Als sie mich entdeckte, kontrollierte sie bereits viele
Gesellschaften, die über die ganze Welt verstreut waren. Im
Geschäftsleben ist sie eine Tyrannin, aber sie hat auch einen
wunderbaren Sinn für Humor, dem man nicht widerstehen
kann. Hunderte Male sah ich, wie sie inmitten einer sonst sehr
harten Besprechung plötzlich von Lachen geschüttelt wurde, so
daß ihr die Tränen über die Wangen liefen. Privat ist sie eine
bezaubernde Mischung von Fröhlichkeit und Großzügigkeit.
Etwas, was ich an Madame Rubinstein so sehr bewundere, ist,
daß sie nie etwas vortäuscht. Sie ist eine genauso starke Persönlichkeit, wie sie aussieht, und hat es nicht nötig, irgend etwas
vorzugeben. Und genau das gelang Graham Sutherland in dem
Porträt von Helena Rubinstein festzuhalten.

Manche Agenturen neigen zu dem Wahnsinn, Probleme durch Komiteearbeit zu lösen. Sie gehen über vor lauter »Team work« und schmälern dabei die Leistung einer Einzelperson. Dabei kann ein Team nie eine Anzeige schreiben, und ich bezweifle stark, ob es eine einzige Agentur von einiger Bedeutung gibt, die nicht im Schatten *eines* Mannes steht.

Manchmal fragen mich Kunden, was wohl mit unserer Agentur geschähe, wenn ich von einem Taxi überfahren würde. Sie würde sich ändern. Als Senator Benton und Gouverneur Bowles ihre Agentur verließen, änderte sie sich – zum Besseren. J. Walter Thompson überlebte das Ausscheiden von Mr. Thompson, und McCann Erickson blühte erst richtig auf, nachdem Harry McCann gegangen war. Selbst als Raymond Rubicam, der beste Agenturchef in der Geschichte, sich zurückzog, wurde die Aufwärtsentwicklung von Young & Rubicam nicht aufgehalten.

Ähnlich einer Hebamme bringe ich mein Leben damit hin, Babys auf die Welt zu bringen, nur daß meine Babys neue Werbekampagnen sind. Ein- oder zweimal in der Woche gehe ich in unser Konferenzzimmer und führe den Vorsitz bei einer Präsentation. Bei diesen furchteinflößenden Zeremonien sind sechs oder sieben von meinen Leuten dabei und einige namhafte Personen von der Kundenseite. Die Atmosphäre ist spannungsgeladen. Der Kunde weiß, daß er jetzt eine Kampagne genehmigen soll, die Millionen kosten wird. Die Agentur hat Zeit und Geld investiert, um diese Präsentation vorzubereiten.

In meiner Agentur werden solche Präsentationen immer in einem kleinen Kreis der Geschäftsleitung erprobt. Dieser Kreis setzt sich aus unerbittlichen Kritikern zusammen, und ihre Kritik wird in ziemlich rauher Weise vorgetragen. Wenn eine Kampagne diesem kritischen Forum standgehalten hat, dann sind wir sicher, daß sie gut ist.

Aber selbst wenn die Präsentation noch so gut vorbereitet ist und unsere Leute den Markt noch so genau studierten und unsere Texter noch so brillante Arbeit geliefert haben, können die schrecklichsten Dinge bei der Präsentation passieren. Ist die Präsentation am frühen Morgen, so kann der Kunde einen Kater haben. Einmal machte ich den Fehler und präsentierte Sam Bronfman von Seagram eine neue Kampagne nach dem Mittagessen. Er schlief dabei ein und erwachte in einer so giftigen Stimmung, daß er die Kampagne ablehnte, eine Kampagne, an der monatelang gearbeitet wurde.

Bronfman konnte die Gepflogenheit der Agenturen, verschiedene Sprecher bei einer Präsentation einzusetzen, nicht ausstehen. Ich übrigens auch nicht. Es lenkt viel weniger ab, wenn ein Mann die ganze Arbeit leistet. Er sollte allerdings der redegewandteste sein und muß sich so gut auskennen, daß er einem Kreuzverhör standhalten kann.

Ich selbst mache mehr Präsentationen als die meisten Agenturchefs. Zum Teil, weil es mir Freude macht, als Advokat aufzutreten, zum Teil, weil ich überzeugt bin, daß es keinen besseren Weg gibt, um dem Kunden zu zeigen, daß der Chef selbst an seinen Angelegenheiten Anteil nimmt. Ich möchte gerne wissen, ob ein Anwalt auch so viele Nächte darauf verwendet wie ich, um eine Präsentation vorzubereiten, wobei eine nach der anderen in unerbittlicher Folge kommt. Selbst der größte Aufwand für eine Präsentation macht sich bezahlt. Derlei Dinge müssen mit der größtmöglichen Brillanz und doch so natürlich wie möglich verfaßt werden. Jede Präsentation muß mit unwiderlegbaren Tatsachen ausgestattet sein.

Dann gibt es aber immer noch eine Anzahl von Kunden, die es ganz einfach nicht mögen, wenn die Agentur eine Werbekampagne mit einem gut vorbereiteten hieb- und stichfesten Plan präsentiert. Sie haben es lieber, wenn Layouts in einem Vakuum angeboten werden, so als ob sie Bilder auf einer Ausstellung aussuchten. Sir Frederic Hooper von Schweppes zum Beispiel war so ein Kunde. Als ich ihm das erstemal einen Marketing-Plan präsentierte, war er ziemlich rasch gelangweilt. Er hatte sich auf eine halbe Stunde literarischer Diskussion vorbereitet und sah sich nun plötzlich einer langatmigen Anführung von Marketing-Daten gegenüber. Auf Seite 19 meiner Präsentation kam ich zu einer Statistik, die seinen Annahmen widersprach, und da donnerte er nun los: »Ogilvy«, sagte er, »die Art, wie Sie die Werbung von der Statistik her angehen, scheint mir absolut kindisch.«

Was dieses Kompliment wohl für eine Wirkung auf die Statistiker gehabt hätte, die unseren Plan ausgearbeitet hatten? Ich blieb dabei, und fünf Jahre später lud mich Sir Frederic in einer für mich höchst ehrenhaften Geste ein, anläßlich einer Konferenz, bei der er den Vorsitz hatte, über Werbung zu sprechen. Dabei schlug er vor, daß ich in meinen Text auch eine Erkenntnis aufnehme, zu der er gelangt war: »Letzten Endes sind Kunden ihren Werbeagenturen dankbar, wenn diese ihnen die Wahrheit sagen.« Zu dieser Zeit waren die Schweppes-Umsätze in den Vereinigten Staaten um 517 Prozent in die Höhe gestiegen, und unser Verhältnis war freundschaftlicher als je zuvor.

Ein anderer Kunde, der von Tatsachen auch nicht verwirrt werden wollte, beschwerte sich bei mir in der denkbar ernstesten Weise: »David, das Problem bei Ihrer Agentur ist, daß Sie zu viele Leute mit unbeirrbar objektiven Köpfen beschäftigen.«

Die beste Art, einem Komitee einen komplizierten Plan zu präsentieren, ist nach wie vor der Weg über eine Staffelei, auf welcher verschiedene Seiten mit dem zu präsentierenden Text aufmontiert sind, und der Mann, der die Präsentation macht, liest diese

Seiten laut vor. Das sichert Ihnen die Aufmerksamkeit aller
Anwesenden. Hier habe ich einige Ratschläge zu geben. Vielleicht klingt es sehr trivial, aber es kann für den Erfolg der
Präsentation von größter Wichtigkeit sein: Lesen Sie laut, und
weichen Sie nie, auch nicht ein einziges Wort, von dem geschrie-
benen Text ab. Der Kniff liegt darin, daß Sie auf diese Weise Ihre
Zuhörer gleichzeitig optisch und akustisch ansprechen. Wenn sie
aber etwas anderes hören, als sie sehen, so werden sie verwirrt
und unaufmerksam.

Ich sterbe noch immer vor jeder Präsentation tausend Tode.
Besonders mache ich mir immer wegen meines englischen Ak-
zents große Sorgen. Wie kann ein amerikanischer Unternehmer
einen Ausländer zutrauen, das Verhalten amerikanischer Hausfrauen zu beeinflussen? Ich selber weiß natürlich, daß ich während meiner Jahre mit Dr. Gallup in Princeton mehr Einblick in
die Gewohnheiten und die Mentalität der amerikanischen Verbraucher gewonnen habe, als die meisten amerikanischen Texter
je gewinnen werden, und ich hoffe immer, daß dies im Laufe
meiner Präsentation zum Ausdruck kommt. Ich fange deshalb
immer mit Feststellungen an, die niemand in Frage stellen kann,
und erst wenn sich die Zuhörer an meinen Akzent gewöhnt
haben, gehe ich zu schwierigeren Feststellungen über.

Als ich einem meiner Kollegen zum erstenmal erlaubte, eine
Kampagne zu präsentieren, wußte ich, daß ihn meine Gegenwart
sehr nervös machen würde. So verbarg ich mich im angrenzen-
den Raum und beobachtete seine Vorstellung durchs Schlüssel-
loch.

Sein Name war Garret Lydecker, und er präsentierte die Kampagne brillanter, als ich es je vorher oder nachher getan hatte.

Heute habe ich verschiedene Mitarbeiter, welche erstklassige
Fachleute im Präsentieren sind. Ich halte mich keineswegs länger

zurück, ihrer Präsentation beizuwohnen. Sie haben sich daran gewöhnt, ihren Gleichmut zu bewahren, selbst wenn ich sie störe. In der darauffolgenden Diskussion arbeiten wir dann eine Einstellung heraus, die weder der des Kunden noch der der Agentur zu Anfang der Besprechung entspricht. Als Ergebnis davon verbreitet sich ein gewisses Gefühl der Kameradschaft, wo doch sonst Agentur und Kunde an zwei verschiedenen Seiten des Tisches sitzen.

In einigen Agenturen darf der Kontakter den creativen Mitarbeitern Weisungen geben. Das macht auf manche Kunden einen guten Eindruck, da sie glauben, daß die Werbung in den Händen von »Geschäftsleuten« in besseren Händen läge. Aber es entsteht dadurch eine Atmosphäre, die einen Texter stört, und schließlich bekommt der Kunde zweitklassige Werbung. In anderen Agenturen ist ein Kontakter wenig mehr als Briefträger, der die Ergebnisse der planenden Mitarbeiter zum Kunden bringt. Sie dürfen nicht einmal der geringsten Änderung, die der Kunde vorschlägt, zustimmen, ohne sich neuerlich mit ihrer Agentur in Verbindung gesetzt zu haben. Ihr eigenes Urteil dürfen sie nicht in die Waagschale werfen, und so werden sie Botengänger.

Ich halte beide Systeme für falsch. Ich habe fähige Texter, und diese arbeiten eng zusammen mit fähigen Kontaktern, die mit dem Kunden verhandeln dürfen. Die Kontakter sind reif genug, um mit allen Möglichkeiten des Etats fertig zu werden, ohne sich ständig in die Abhängigkeit des Texters begeben zu müssen. Das ist eine ausgezeichnete Ausgewogenheit, und ich kenne nur eine andere Agentur, die das auch erreicht hat.

Die Marketing-Pläne, die heute unsere Agentur verlassen, sind besser, objektiver und fundierter als die Pläne, die ich in meinen Anfängen schrieb. Aber manche von ihnen sind in einem Kauderwelsch geschrieben, daß einem schlecht werden könnte. Als

kleiner Bub mußte ich 12 Verse aus der Heiligen Schrift jeden
Morgen vor dem Frühstück auswendig lernen, und mit neun
Jahren lernte ich Latein. In Oxford kam ich unter den Einfluß von
Professoren, die die deutsche Art, Schule zu halten, ablehnten. Sie
war ihnen zu trocken, zu humorlos und zu unleserlich. Ich lernte
nicht Mommsen bewundern, sondern Gibbon, Macaulay und
Trevelyan, die geschrieben haben, um gelesen zu werden. Dieses
Training war nicht gerade die richtige Voraussetzung für mich,
um diese geschwollenen Dokumente zu lesen, die heute mein
tägliches Brot sind. Den amerikanischen Geschäftsleuten wird
nicht beigebracht, daß es eine Sünde ist, ihre Mitmenschen zu
langweilen.

IV

Wie benimmt sich ein guter Kunde?

Einer der größten Werbungtreibenden der Welt beauftragte letzthin eine berühmte Betriebsberatungsgesellschaft, die Zusammenhänge zwischen Werbung und Gewinn zu studieren. Der Statistiker, der sich mit dieser Studie befaßte, verfiel einem interessanterweise häufig vorkommenden Irrtum. Er nahm nämlich an, daß die einzige sich verändernde Tatsache von einiger Bedeutung der Betrag wäre, der jährlich für Werbung ausgegeben wird. Er wußte nicht, daß eine Million Dollar, für wirkungsvolle Werbung ausgegeben, mehr Waren verkaufen kann als 10 Millionen Dollar für unwirksame Werbung.

Postversandhäuser konnten feststellen, daß allein durch Änderung der Überschrift die Verkäufe verzehnfacht werden können, und ich habe Fernsehfilme gesehen, die einen zehnmal so großen Verkaufserfolg hatten wie andere für dasselbe Produkt. Ich kenne eine Bierbrauerei, die mehr Bier an Leute verkauft, die deren Werbung noch nie gesehen haben, als an die Leute, die sie jede Woche sehen. Manchmal liegt die Verantwortung für solche katastrophalen Ergebnisse bei der Agentur, sehr häufig aber auch beim Kunden. Der Kunde bekommt die Art von Werbung, die er verdient. Ich habe bisher für 69 Kunden gearbeitet und hatte deshalb hinreichend Gelegenheit, deren Einstellungen und Vorgehen der Agentur gegenüber zu beobachten. Manche benehmen sich so unmöglich, daß keine Agentur für sie wirkungsvolle

Werbung schaffen kann. Manche aber benehmen sich so vortreff-
lich, daß einfach jede Agentur für sie erfolgreich arbeiten muß.
In diesem Kapitel will ich die 15 Regeln festhalten, die ich als
Kunde im Umgang mit meiner Agentur befolgen würde. Wenn
Sie diese Regeln beachten, werden Sie den bestmöglichen Service
von Ihrer Agentur bekommen.

1. *Ihre Agentur soll frei von Furcht sein*
   Die meisten Agenturen leben in dauernder Angst.
   Das hängt zum einen Teil damit zusammen, daß die
   meisten Leute, die zum Agenturgeschäft neigen, von
   Natur aus sensibel sind, und zum anderen Teil, daß
   viele Kunden keine Gelegenheit versäumen, um darauf hinzuweisen, daß sie stets nach einer neuen Agentur Ausschau halten. In Furcht lebende Menschen
   sind nun aber nicht in der Lage, gute Werbung zu
   produzieren.
   Nachdem ich den Rolls-Royce-Etat gekündigt hatte,
   lud ich mich selbst zu einem Besuch bei Ford ein, um
   mich bekannt zu machen. Ich fand es besonders
   anerkennenswert, daß der Werbeleiter von Ford es
   ablehnte, mich zu empfangen. Er sagte: »Detroit ist
   eine kleine Stadt. Wenn Sie mich besuchen, so werden Sie gesehen werden. Unsere gegenwärtige Agentur würde davon hören und alarmiert sein, und das
   paßt mir nicht.«
   Als Kunde würde ich alles tun, meine Agentur von
   Furcht zu befreien. Ich würde so weit gehen, ihr
   langfristige Verträge zu geben.
   Mein Freund Clarence Eldridge hat an beiden Fron-
   ten gearbeitet. Nachdem er sich als Vorsitzender des

Planungsausschusses bei Young & Rubicam einen
Namen gemacht hatte, wurde er Vice-President für
Marketing bei General Foods und später erster Vice-
President der Campbell Soup Company. Dieser Kenner des Kunden-Agentur-Verhältnisses kam zur Ansicht, »daß man die ideale Verbindung zwischen
Agentur und Kunde durch ein Wort am besten cha-
rakterisieren könnte: Beständigkeit. Wenn Beständigkeit erzielt werden soll, so müssen beide Teile von
Anfang an danach streben, und dieses Streben muß
freiwillig, aber ganz bewußt in der Verbindung eine
wichtige Rolle spielen.«
Arthur Page hatte N. W. Ayer als Agentur für American Telephone & Telegraph, und es kam immer
wieder vor, daß er mit Ayers Service unzufrieden
war. Anstatt nun aber der Agentur zu kündigen, wie
es wohl die meisten Kunden getan hätten, rief er den
Chef von Ayer zu sich und ersuchte ihn, die Mißstände abzustellen. So wurde die American Telephone & Telegraph-Werbung nie von dieser Unruhe
erschüttert, die ein Agenturwechsel immer mit sich
bringt. Ein Mann von Ayer, George Cecil, schrieb die
AT&T-Anzeigen 30 Jahre lang, und es gelang ihm,
ein so günstiges Image für diese Gesellschaft zu schaffen, daß so selbst ein Monopol in einem Land, das
Monopole nun einmal gar nicht liebt, populär wurde.
Arthur Page war ein kluger Kunde.
Werbeagenturen sind dankbare Prügelknaben. Es ist
viel einfacher, die Agentur zu wechseln, als den Aktionären gegenüber zuzugeben, daß mit dem Produkt
oder der eigenen Geschäftsleitung etwas nicht in

Ordnung sei. Bevor Sie aber einer Agentur kündigen, beantworten Sie sich selbst folgende Fragen:

a) Proctor & Gamble und General Foods bekommen von ihren Agenturen erstklassigen Service, und sie haben noch nie einer Agentur gekündigt. Warum nicht?

b) Würde die Bestellung einer neuen Agentur Ihr Problem wirklich lösen oder nur Mißstände verbergen? Was sind die wirklichen Ursachen Ihrer Schwierigkeiten?

c) Ist Ihr Produkt hinter der Konkurrenz zurückgeblieben?

d) Haben Sie die Werbung, für die Sie nun Ihre Agentur verantwortlich machen, nicht selbst so gewünscht?

e) Zittert Ihre Agentur ständig vor Angst?

f) Ist Ihr Werbeleiter so ein Dummkopf, daß er die besten Köpfe *jeder* Agentur nicht zur Entfaltung kommen ließe?

g) Wäre es Ihnen gleichgültig, wenn einer Ihrer Konkurrenten die Geheimnisse, die Ihre Agentur im Laufe der Zusammenarbeit mit Ihnen erfahren hat, einfach »erbte«?

h) Ist Ihnen klar, daß ein Agenturwechsel Ihr Marketing-Konzept 12 Monate oder sogar länger durcheinanderbringen kann?

i) Waren Sie aufrichtig zum Chef Ihrer Agentur? Wenn Sie ihn Ihre Unzufriedenheit wissen ließen, so wäre er möglicherweise sehr wohl in der Lage, die Räder wieder auf solche Touren zu bringen, wie Sie sie selbst bei einer neuen Agentur kaum vorfänden.

j) Sind Sie sich darüber klar, daß die meisten
Menschen, die an Ihrem Etat gearbeitet haben, ihre
Arbeit verlieren werden, wenn Sie der Agentur
kündigen? Gibt es keinen Weg, um diese menschliche Tragödie zu verhindern?

Ich habe schon wiederholt Werbungtreibenden, die
unsere Agentur beschäftigen wollten, empfohlen,
doch bei ihrer alten Agentur zu bleiben. Als zum
Beispiel der Chef von Hallmark Cards seine Leute zu
mir schickte, um mir auf den Zahn zu fühlen, sagte
ich: »Ihre gegenwärtige Agentur hat viel zu Ihrem
Wohlstand beigetragen. Es wäre ein Akt arger Un-
dankbarkeit, jetzt eine andere Agentur zu bestellen.
Sagen Sie ihnen doch ganz genau, welchen Service Sie
unbefriedigend finden. Ich bin ganz sicher, daß sie
dies in Ordnung bringen. Bleiben Sie, wo Sie jetzt
sind.« Hallmark beherzigte meinen Rat.

Als uns American Can aufforderte, uns um ihren Etat
zu bemühen, sagte ich: »Ihre Agentur hat Ihnen
unter denkbar schwierigen Umständen einen ausgezeichneten Service geboten, und ich weiß zufällig,
daß sie an Ihrem Etat Geld verliert. Sie sollten ihr also
nicht kündigen, sondern sie belohnen.«

Einer von den jungen Leuten von Can meinte: »Mr.
Ogilvy, das ist das Unvernünftigste, das ich je gehört
habe.« Seine Kollegen aber entschieden, daß ich recht
hatte.

Als mich das Glass Container Manufacturers Institute aufforderte, mich um den Etat zu bewerben, riet
ich dringend, doch bei Kenyon & Eckhardt zu bleiben, die eine ausgezeichnete Werbung gemacht hät-

ten. In diesem Falle wurde mein Ratschlag nicht
befolgt.

2. *Nehmen Sie von Anfang an die richtige Agentur*
Wenn Sie schon viel Geld, das Ihren Aktionären
gehört, für Werbung aufwenden und der Gewinn
dieser Leute von der Wirkung der Werbung abhängt,
so ist es Ihre Pflicht, mit größter Sorgfalt die für Sie
bestmögliche Agentur zu suchen.
Manche Kunden bitten gerne verschiedene Agenturen, unverbindliche Vorschläge zu unterbreiten. Die
Agenturen, die solche Wettbewerbe gewinnen, sind
natürlich die, die ihre besten Mitarbeiter dafür verwenden, neue Etats zu gewinnen, ihre Kunden aber
nur der zweiten Garnitur überlassen. Wenn ich Wer-
bungtreibender wäre, suchte ich meine Agentur unter den Firmen, die keine »Abteilung für neue Kunden« haben. Die besten Agenturen brauchen so etwas
nicht. Sie bekommen ihren Kunden, auch ohne unverbindliche Kampagnen auszuarbeiten.
Der vernünftigste Weg, eine neue Agentur auszusuchen, ist wohl der, einen Werbeleiter anzustellen, der
genau weiß, was los ist, und über ein gesundes Urteil
verfügt. Er soll Ihnen markante Inserate oder Fernsehspots von den drei oder vier Agenturen zeigen,
von denen er glaubt, daß sie für Ihren Etat in Frage
kommen. Dann rufen Sie einige Kunden dieser
Agenturen an. Das kann Ihnen besonders aufschlußreiche Informationen geben, wenn Sie Firmen wie
Proctor & Gamble, Lever, Colgate, General Foods
und Bristol-Myers anrufen, die alle verschiedene

Schweppes discovers America—and vice versa!

...ms like only yesterday that Commander ...ward Whitehead, Schweppesman in ...of enlightening un Schwepped regions, ...foot on our shores.

...ricans tasted Schweppes delicious bitter- ...avor. And discovered Schweppervescence ...exuberant little bubbles that tickle the ...nd delight the soul.

...it became practically *unconstitutional* to ...Gin-and-Tonic *without* Schweppes.

"Now, not content with coining a brand new language," says the Commander, "I find you Americans are coining new *drinks*. Well, good for you—I've just tasted my first *Vodka-and-Schweppes*, and I must say it's not bad."

Many cities now report a distinct groundswell for *Rum* or *Bourbon* mixed with Schweppes. And Schweppes is also being hailed as a great soft drink—delicious without *anything* added.

Thirsty reader, however you take your

Schweppes, you can be certain of two things: First, that the Schweppervescence will last your whole drink through. And second, that you are drinking the original and authentic Quinine Water. Famous since Commander Whitehead's great-great-grandfather was a midshipman.

P.S. If your storekeeper—or favorite bar—does not yet have Schweppes, drop us a card and we'll take the necessary steps. Address Schweppes, 30 East 60th Street, New York City.

Einige Kunden kann man als Symbol für ihr eigenes Produkt verwenden. Acht Jahre nach dem Beginn dieser Kampagne war der Umsatz von Schweppes in den Vereinigten Staaten um 517 Prozent gestiegen.

Now Puerto Rico Offers
100% Tax Exemption to New Industr

by BEARDSLEY RUML

"We don't want runaway industries" says Governor Muñoz. "But we do seek new and expanding industries." Federal taxes do not apply in Puerto Rico, and the Commonwealth also offers full exemption from local taxes. That is why 317 new plants have been located in Puerto Rico, protected by all the guarantees of the U. S. Constitution.

BEARDSLEY RUML

IN A dramatic bid to raise the standard of living in Puerto Rico, the Commonwealth Government is now offering U. S. manufacturers such overwhelming incentives that more than three hundred new factories have already been established in this sunny island 961 miles off the Florida Coast.

First and most compelling incentive is the 100% tax exemption for most manufacturers who set up new plants in Puerto Rico.

For example, if your company is now making a net profit after taxes of $53,500, your net profit in Puerto Rico would be $100,000—a gain of 87 per cent, simply because Federal corporate income taxes do not apply in Puerto Rico and all local taxes are waived as well.

A recent analysis for one Ohio firm revealed that due to tax exemption and operating economies it will increase its net profit from $187,000 to $442,000 a year by locating its new plant in Puerto Rico.

Your dividends in Puerto Rico from a corporation there could be $50,000 against $25,000 net in the U.S.—because Federal personal income taxes do not apply either.

What About Labor?

Puerto Rico's labor reservoir of 650,000 men and women has developed remarkable levels of productivity and efficiency—thanks, in part, to the Commonwealth's vocational training schools. These schools also offer special courses for managers and supervisors.

The progress made in technical skills may be gauged from the fact that there are now twenty-eight factories producing delicate electronic equipment.

Among the U. S. companies that have already set up manufacturing operations in Puerto Rico are Sylvania Electric, Carborundum Company, St. Regis Paper, Remington Rand, Univis Lens, Shoe Corporation of America, and Weston Electric.

"Close to Paradise"

Listen to what L. H. Christensen, Vice President of St. Regis Paper, says:

"The climate is probably as close to paradise as man will ever see. I find Puerto Ricans in general extremely friendly, courteous and cooperative."

How Corporate Tax Exemption Boosts Profits

If your net profit after U. S. Corporate Income Tax is:	Your net profit in Puerto Rico would be:	Your gain with exemption:
$ 17,500	$ 25,000	$ 7,500 (+ 43%)
29,500	50,000	20,500 (+ 69%)
53,500	100,000	46,500 (+ 87%)
245,500	500,000	254,500 (+ 104%)
485,500	1,000,000	514,500 (+ 106%)

How Dividend Tax Exemption Boosts Income

If your income* after U. S. Individual Income Tax is:	Your net income in Puerto Rico would be:	Your gain with exemption:
$ 3,900	$ 5,000	$ 1,100 (+ 28%)
7,360	10,000	2,640 (+ 36%)
10,270	15,000	4,730 (+ 46%)
14,850	25,000	10,150 (+ 68%)
23,180	50,000	26,820 (+ 116%)
32,680	100,000	67,320 (+ 206%)
43,180	200,000	156,820 (+ 363%)
70,180	500,000	429,820 (+ 612%)

*These examples are figured for dividends paid in Puerto Rico to a single resident. Based on Federal rates effective Jan. 1, 1954.

"This plant in Puerto Rico is one of our most efficient operations, in both quality and output. Our labor has responded well to all situations."

Mr. Christensen might have added that the temperature usually stays in the balmy 70's twelve months a year. You live outdoors.

The swimming, sailing and fishing are out of this world. And your wife will rejoice to hear that domestic help is abundant.

Puerto Rico's Finest Hour

If you decide to locate your next plant in Puerto Rico, you will not only get the economic advantages of tax exemption and government assistance. You will also find it immensely stimulating to be a part of Operation Bootstrap; to share in the upsurge of one of the fastest growing communities in the Western Hemisphere.

This is, perhaps, Puerto Rico's finest hour. And the U. S. manufacturers who decide to become a part of it will not go unrewarded, financially or spiritually.

The Commonwealth will leave no stone unturned to help you get started. It will build a factory for you. It will help you secure financing. It will even screen job applicants for you—and then train them to operate your machines.

Transportation

Six steamship companies and four airlines operate reg[ular] services between Puerto Rico and the mainland. S[an] Juan is just 5½ hours by air from New York.

Favorable transportation has enabled one well[-] manufacturer to build one larger and more efficient pla[nt] in Puerto Rico instead of two smaller plants on the ma[in]land—and service both California and New York mark[ets] economically.

Light-weight articles such as radar components co[me] off the line in Puerto Rico one day and are delivered [by] air freight next day in Los Angeles, Chicago and oth[er] mainland cities. And, of course, there is no duty of [any] kind on trade with the mainland.

Are You Eligible?

Says Governor Muñoz: *Our drive is for new capital. O[ur] slogan is not "move something old to Puerto Rico," b[ut] "start something new in Puerto Rico" or "expand in Pue[rto] Rico."*

The Commonwealth is interested in attracting [all] suitable industries, and especially electronics, men's [and] women's apparel, knitwear, shoes and leather, plasti[cs,] optical products, costume jewelry, small electrical app[li]ances and pharmaceuticals.

To get all the facts, and to find out whether you a[nd] your company would be eligible for complete tax exem[p]tion, telephone our nearest office.

New York . . . . . MU 8-2960. . . . . . 579 5th Ave.
Chicago . . . . . . AN 3-4887. . . . . . 79 W. Monroe
Los Angeles . . . WE 1-1225. . . . . 5525 Wilshire

Or mail coupon for free booklet.

Commonwealth of Puerto Rico
Economic Development Administration
579 Fifth Ave., New York 17, N. Y.   Dept. W5

Mail me "Facts for Businessmen." I am interested in the advantages of Puerto Rico for the industry I have checked.

☐ Electronics ☐ Apparel ☐ Jewelry
☐ Pharmaceutical ☐ Plastics ☐ Optical

Other _____

Name _____

Company _____

Address _____

Das ist das wirkungsvollste Inserat, das ich je geschrieben habe. Beardsley Ruml akzeptierte es, ohne auch nur ein Wort daran geändert zu haben. Es brachte massenhaft neue Industrie nach Puerto Rico.

GUINNESS GUIDE TO OYSTERS

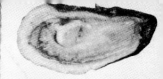

S : An oyster of superb flavor. ...emy is the starfish, which wraps ...out the oyster and forces the ... with its feet. The battle lasts ...until the starfish is rewarded ...d meal, but alas, no Guinness.

NEW ORLEANS : This was Jean Lafitte's oyster, which is now used in Oysters Rockefeller. Valuable pearls are never found in *ostrea virginica*, the family to which East Coast oysters belong.

' : These oysters have a salty ...ir own. They were a smash hit ...lers who shipped out of Green... ...n days. Oysters contain iron, ...ne, calcium, magnesium, phos... ...tamin A, thiamine, riboflavin ...The Emperor Tiberius prac... ...on oysters.

OYSTER BAY: Oyster Bays are mild and heavy-shelled. It is said that oysters yawn at night. Monkeys know this and arm themselves with small stones. They watch for an oyster to yawn and then pop the stone in between the shells. "Thus the oyster is exposed to the greed of the monkeys."

TANGIER : This is one of the sweetest and most succulent oysters. It comes from the Eastern Shore of Maryland. Pocahontas fed Tangiers to Captain John Smith, with famous results. Oysters go down best with Guinness, which has long been regarded as the perfect complement for all sea-food.

S : These delicious little oysters ...South Bay somewhat resemble ...English 'natives' of which Dis... ...: "I dined or rather supped at ...n . . . off oysters, Guinness and ...es, and got to bed at half past ...us ended the most remarkable ...o of my life."

LYNNHAVEN : These gigantic oysters were Diamond Jim Brady's favorites. More fishermen are employed catching oysters than any other sea food. The Damariscotta mound in Maine contains three million bushels of oyster shells, piled there by prehistoric Bradys.

DELAWARE BAY : This was William Penn's favorite oyster. Only 15% of oysters are eaten on the half-shell. The rest find their way into stews, or end their days in a blaze of glory as "Angels on Horseback." One oyster was distinctly heard to whistle.

AGUES : Many epicures regard ...ues as the supreme aristocrats ...er tribe, but some West Coast ...refer the Olympia oyster, which ...er than your thumbnail. Both ...gues and Olympias are at their ...uinness.

ALL OYSTERS taste their best when washed down with drafts of Guinness—what Professor Saintsbury in "Notes On A Cellar-Book" called "that noble liquor—the comeliest of black malts." Most of the malt used in brewing Guinness comes from the fertile farms of Southern Ireland, and the yeast is descended from the yeast used by Guinness in Dublin one hundred and ninety years ago.

Guinness® Stout brewed by Arthur Guinness Son & Co., Inc., Long Island City, N.Y. ©1951

Mit 39 schrieb ich meine erste Anzeige. Das ist sie. Ganz lustig, aber ob sie verkauft . . . ?

Huckleberry Finn's Mississippi ist heute kaum 10 Stunden von Frankfurt entfernt. Eine Fahrt auf einem Riverboat kostet

Eine Woche durch die U.S.A. für 392.- DM

Ein Liter Benzin kostet nur 32 Pfg. Sie können in Motels mit Swimming Pool bereits für DM 22.- übernachten. Erleben Sie den Grand Canyon für DM 46.- inklusive Muli. Verbringen Sie eine Woche auf einer Ranch. Das sind Erlebnisse, die Sie nie mehr vergessen werden.

'0,342 G
Frankfurter Allgemeine Zeitung – April 10, 196'
Welt   – April 11, 196.
Welt am Sonntag   – April 15, 1962
final proof

IMMER mehr Menschen träumen nicht nur von Ferien in den U.S.A. — sie fahren hin. Und sie stellen verblüfft fest, es ist gar nicht so teuer, wie sie dachten.

Ein komfortables Einzelzimmer in New York, Washington oder San Francisco kostet ca. DM 28.- pro Tag. Sie bekommen für DM 4.- ein Lunch, ein vorzügliches Diner für DM 10.- und weniger. Sie können eine ganze Woche lang für DM 392.- durch die U.S.A. reisen — ohne sich einschränken zu müssen.

Flugreisen sind in den Staaten billiger, und Busgesellschaften machen ausländischen Besuchern außerordentlich günstige Angebote: „99 days for 99 Dollars", 99-Tage-Fahrten über unbegrenzte Entfernungen für DM 396.-. Wohlgemerkt in Luxusbussen mit Klimaanlagen, Liegesitzen, riesigen Fenstern — und Toiletten.

In den U.S.A. können Sie 3000 Meilen reisen, ohne eine Grenze zu passieren oder den Paß vorzuzeigen. In Europa würden Sie bei gleicher Entfernung 10 verschiedene Länder passieren, mit verschiedenen Gesetzen und verschiedenen Sprachen — und zehnmal am Zoll Ihren Koffer öffnen.

Was sollten Sie zuerst sehen?

Ein guter Ausgangspunkt für Ihre Reise ist die „Wiege der Nation" — New England.

In Old Sturbridge, einem genau rekonstruierten Städtchen aus der Zeit des Unabhängigkeitskrieges, glauben Sie sich um 200 Jahre zurückversetzt. Gehen Sie in die sauberen, weißen Holzhäuser und sehen Sie sich die geknüpften Teppiche, die selbstgesponnenen Vorhänge, die schmiedeeisernen Franklin-Öfen und die Öllampen an. Die ersten Siedler waren außerordentlich stolze Menschen. Auf Messing,

Holz, Porzellan und Stickereien — überall ist der amerikanische Adler zu sehen. Genießen Sie ein „shore dinner": gedämpfte Muscheln, Hummer, Mais am Kolben, warme Apfeltorte und Kaffee — für DM 14.-.

Mieten Sie einen Wagen und fahren Sie die atlantische Küste entlang, von New England bis Washington. Kosten für eine Gesellschaft von vier Personen sind etwa DM 44.- pro Tag und Person, inklusive Mahlzeiten, Besichtigungen und Übernachtung in Motels. Der Liter Benzin kostet nur 32 Pfg.

In Washington ist der Eintritt frei für alle Sehenswürdigkeiten. Sie können Sitzungen des Congress und des Obersten Gerichtshofes besuchen, ins Weiße Haus gehen — es kostet Sie nichts.

Wenn Sie weiter nach Süden fahren, finden Sie Azaleen, Camelien, Zypressen, Spanisches Moos und seltene Farne. Fahren Sie mit dem Raddampfer auf dem Mississippi für DM 9.-. Entdecken Sie die vereisten Fontänen der Mammut-Höhle. Probieren Sie Pompano-Fisch in New Orleans.

New Orleans, Geburtsort des Jazz, wo einst Leadbelly, Kid Ory und W. C. Handy den *Memphis Blues, Tin Roof Blues, Muskrat Ramble, Jelly Roll Blues, Deep River Blues* gespielt und gesungen haben.

Musik im ganzen Land

Es gibt heute mehr als tausend Symphonie-Orchester in den Vereinigten Staaten, und im letzten Sommer gab es 65 Musik-Festspiele, viele davon im Freien: in Tanglewood zum Beispiel, mitten in den grünen Berkshire Mountains von New England, wo das Bostoner Symphonie-

Orchester spielt; in Ravinia, auf einer Waldwiese vor den Toren Chicagos; oder in Aspen, Colorado, inmitten der Rocky Mountains.

Auf den Pfaden der Pioniere

Damals durchkreuzten sie das Land zu Fuß, auf Planwagen, zu Pferd, auf Mulis oder den Booten. 16 km haben die Pioniere pro Tag geschafft, im Kampf gegen Büffelherden und Indianer.

Die Indianerstämme in Arizona üben heute noch ihre Bräuche wie in der Zeit, bevor der weiße Mann kam. Sie sollten sich die „Masse-Tänze" und den „Hopi-Schlangen-Tanz" ansehen, können in 1400 Jahre alten indianischen Fels-Wohnungen spazieren gehen und an einem Handelsplatz der Indianer übernachten, für weniger als DM 12.-.

Einen Teil des Westens können Sie sogar mit dem Boot entdecken, man nennt es „Canyoneering". Folgen Sie dem Lauf gewaltiger Flüsse, wie Colorado, Salmon, Snake und Rogue — ein faszinierendes Abenteuer.

Angeln, Schwimmen, Golf spielen — überall

In den U.S.A. ist Jagen, Angeln, Golf spielen und Schwimmen immer möglich. Es gibt riesige Gebiete unberührter Wildnis, in denen Sie jagen und angeln können. Die Erlaubnis erhalten Sie gegen eine geringe Gebühr.

Meilenweit erstreckt sich der Strand am atlantischen und pazifischen Ozean. Sie können dort schwimmen, tauchen und Fische mit dem Speer jagen — völlig kostenlos.

Entdecken Sie im Nordwesten den Sport, als „lebender Schlitten" Gletscherhänge in „Blechhosen" hinunter zu rutschen — in Hosen aus schwerem Drell mit paraffingetränktem Boden. Oder fahren Sie mit einem Schiff 2600 Meilen

von Manasquan Inlet bis nach Ke[...] Florida — ohne ein einziges Mal auf [...] Meer hinaus zu müssen.

Wo Sie in den U.S.A. auch hin[...] nehmen Erinnerungen mit, die Sie [...] vergessen werden — die Picknicks in [...] land mit gebackenen Muscheln, in [...] mit Roastbeef vom offenen Grill, ein [...] holländische Veranda-Picknick in Pen[...] die Picknick einer Kirchengemeinde [...] westen; oder den Tag, an dem Sie ei[...] wilder Pferde sahen, an einem Squar[...] oder einer Bürgerversammlung in [...] land teilnahmen.

Wie Sie Ihre Reise planen

Ein Visum für die U.S.A. zu beko[...] heute leicht. Der Antrag ist nicht grö[...] Postkarte, und nach 20 Minuten ist [...] Visum in der Hand. Und es gilt für 4 [...]

Fragen Sie Ihr Reisebüro: Sie finden [...] Unterstützung für die Vorbereitung I[...] Sie erhalten Karten und Prospekt[...] man wird Ihnen helfen, Geld zu spa[...]

Der U. S. Travel Service, das offiz[...] denverkehrsamt der U.S.A., wird M[...] sein Büro in Frankfurt/Main, Gallus[...] Tel. 291056, eröffnen. Bis dahin ist de[...] über das Amerikanische Generalko[...] Frankfurt/Main, Tel. 77 07 31, zu [...] Schreiben Sie unter obiger Adresse an z[...]

*Reisen Sie in eine neue Welt
Besuchen Sie die U.S.A.*

Diese Anzeige, die in Europa erschien, löste eine Lawine von meist kritischen Kommentaren aus. Der Reiseverkehr nach den Vereinigten Staaten aber nahm in den nächsten acht Monaten um 25 Prozent zu.

Agenturen beschäftigen. Diese können Ihnen Auskunft über die meisten bedeutenden Agenturen geben.

Dann laden Sie den Chef der in Frage kommenden Agentur mit zweien seiner führenden Mitarbeiter zum Abendessen zu sich nach Hause ein. Lösen Sie ihre Zungen. Stellen Sie fest, ob sie Geheimnisse ihrer gegenwärtigen Kunden ausplaudern. Stellen Sie fest, ob sie den Mut haben, Ihnen zu widersprechen, wenn Sie etwas Dummes sagen. Beobachten Sie das Verhältnis, das sie untereinander haben. Sind sie Berufskollegen oder Intriganten? Versprechen sie Ihnen Ergebnisse, die ganz offensichtlich übertrieben sind? Geben sie den Eindruck erloschener Vulkane, oder leben sie noch? Können sie zuhören? Sind sie aufrichtig?

Vor allen Dingen aber werden Sie sich darüber klar, ob Sie diese Leute mögen. Die Beziehungen zwischen Kunde und Agentur müssen sehr herzlich sein. Es kann die reine Hölle sein, wenn das persönliche Einvernehmen nicht gegeben ist.

Verfallen Sie nicht dem Irrtum anzunehmen, daß Ihr Etat in einer großen Agentur vernachlässigt wird. Die jungen Männer, die in den großen Agenturen arbeiten, sind oft fähiger und bemühen sich mehr als die ganz großen Herren an der Spitze. Andererseits glauben Sie aber auch nicht, daß Ihnen eine große Agentur mehr Service bieten kann als eine kleine. Eine kleine Agentur wird ungefähr ebenso viele Leute für Ihren Etat einsetzen wie eine große. Ungefähr neun Menschen für jede Million Dollar, die Sie ausgeben.

3. *Informieren Sie Ihre Agentur eingehend*
Je mehr Ihre Agentur über Ihre Gesellschaft und Ihr
Produkt weiß, um so besser wird sie für Sie arbeiten.
Als General Foods unsere Agentur mit der Werbung
für Maxwell-House-Kaffee beauftragte, lehrten sie
uns alles, was im Kaffeegeschäft wichtig ist. Tagelang
saßen wir zu Füßen der Fachleute und hörten vom
grünen Kaffee, vom Mischen und Rösten, vom Kal-
kulieren und den vielen Betriebsgeheimnissen dieser
Branche.
Es gibt Werbeleiter, die zu faul oder zu dumm sind,
um ihre Agenturen wirklich gründlich zu informieren. In solchen Fällen müssen die Tatsachen selbst
herausgefunden werden. Die sich daraus ergebende
Verzögerung der ersten Kampagne verärgert alle, die
damit zu tun haben.

4. *Versuchen Sie nicht, Ihrer Agentur auf creativem Gebiet
dreinzureden*
Warum einen Hund halten und dann selbst bellen?
Dauerndes Dreinreden läßt die Kraft der Creativen
erlahmen, und wenn das eintritt, dann gnade Ihnen
Gott. Machen Sie Ihrem Werbeleiter klar, daß die
Verantwortung für das Aussehen einer Kampagne
nicht bei ihm liegt, sondern bei der Agentur, und
verbieten Sie ihm, der Agentur diese Verantwortung
abzunehmen.
Als Ellerton Jetté uns den Hathaway-Etat anbot,
sagte er: »Wir wollen jetzt auch mit der Werbung
beginnen. Unser Etat ist weniger als 30 000 Dollar im
Jahr. Wenn Sie ihn trotzdem übernehmen, so ver-

spreche ich Ihnen, daß ich nie ein Wort an Ihren
Texten ändern werde.« So übernahmen wir den Hathaway-Etat, und Mr. Jetté hielt Wort. Er änderte nie
auch nur ein Wort unserer Texte. Er lud uns die ganze
Verantwortung für seine Werbung auf. Wenn unsere
Werbung für Hathaway danebengegangen wäre, so
wäre ich allein dafür verantwortlich gewesen. Aber
sie ging eben nicht daneben. Noch nie wurde eine
Marke im ganzen Land mit so geringen Kosten aufgebaut.

5. *Verwöhnen Sie die Gans, die Ihnen goldene Eier legt*
Die wahrscheinlich schwierigste Aufgabe, die Agenturen gestellt werden kann, ist die, eine Kampagne für
ein neues Produkt, das noch nicht einmal aus dem
Versuchsstadium heraus ist, auszuarbeiten. In solchen Fällen müssen wir ein Image eben von Grund
auf aufbauen. Während ich dieses Buch schreibe, bin
ich in eine solche Aufgabe verwickelt. Hunderte von
Wissenschaftlern haben zwei Jahre lang daran gearbeitet, um das in Frage stehende Produkt zu entwikkeln, und mir wurden 30 Tage gegeben, um ein Bild
von diesem Produkt zu prägen und die Einführung
zu planen. Wenn ich meiner Aufgabe gerecht werde,
so trage ich sicher ebensoviel zum Erfolg dieses Produktes bei wie die Hunderte von Wissenschaftlern.
Das ist gewiß nichts für Anfänger. Es verlangt eine
lebhafte Vorstellungsgabe und scharfsinnige Marke-
ting-Überlegungen. Dann muß man selbstverständ-
lich die Forschungsmethoden zur Auswahl von Namen, Packungen und Versprechungen kennen. Man

muß die Gabe haben, in die Zukunft schauen zu
können, um zu wissen, wie es sein wird, wenn die
Konkurrenz ähnliche Produkte bringt, und dann
muß man natürlich ein Genie sein, um die Einfüh-
rungsinserate schreiben zu können. Ich bezweifle
stark, daß es in den Vereinigten Staaten mehr als ein
Dutzend Menschen gibt, die auf Grund ihres Tempe-
raments und ihrer Erfahrung in der Lage sind, einer
solchen Aufgabe gerecht zu werden. Dabei erwarten
die meisten Kunden, daß diese Arbeit auf Kosten der
Agentur ausgeführt wird. Wenn sie nur halb soviel
Geld für die Einführungswerbung eines neuen Produktes aufwendeten, wie sie in die Entwicklungsar-
beit dieses Produktes gesteckt haben, so gäbe es wohl
weniger Versager.

6. *Sieben Sie Ihre Werbung nicht durch zu viele Siebe*
Ich kenne einen Werbungtreibenden, dessen Kampagnen fünf verschiedene Instanzen in seiner Gesellschaft durchlaufen müssen, wobei natürlich jede das
Recht zu Änderungen und Einsprüchen hat.
Das kann sehr ernste Folgen haben. Die Informationen werden nicht mehr vertraulich behandelt. Erstklassige Leute werden in einer Reihe von unnötigen
Besprechungen festgehalten. Es macht die ursprüng-
liche Einfachheit der Vorschläge kompliziert, und als
schlimmste Folge davon vergiftet es die Atmosphäre,
wenn man gezwungen ist, in creativen Dingen Takti-
ken anzuwenden. Die Texter versuchen, Stimmen
für sich zu gewinnen, indem sie den Launen von
einem Dutzend verschiedener Leute der Kundenseite

nachgeben. Sobald aber ein Texter sich mit derlei Dingen zu befassen beginnt, paßt das in die Definition, die John Webster gefunden hat: »Ein Politiker imitiert den Teufel, geradeso wie der Teufel einen Priester zu imitieren versucht, und sooft er Unheil stiften will, versucht er dies von hintenherum« (*The White Devil*).

Der größte Teil der schlechten Fernsehwerbung, die wir heute sehen, ist das Ergebnis von Komitees. Komitees können Werbung kritisieren, aber sie sollten nie die Gelegenheit haben, creativ tätig zu sein.

Die meisten Kampagnen, die eine Marke berühmt und erfolgreich gemacht haben, sind das Ergebnis der Zusammenarbeit zweier Männer. Ein selbstsicherer Texter, der mit einem Kunden zusammenarbeitet, von dem Anregungen ausgehen. Eine solche Zusammenarbeit herrschte zwischen Gordon Seagrove und Jerry Lambert, als sie Listerine aufbauten. Und so war auch das Verhältnis zwischen Ted Moscoso und mir bei der Werbung für Puerto Rico.

Als uns Seagram beauftragte, eine Kampagne für die Christian-Brothers-Weine zu entwickeln, sagten sie mir von Anfang an, daß die Anzeigen nicht nur ihrem Boß, Sam Bronfman, gefallen müßten, sondern auch dem Bruder Kellermeister und den anderen Mönchen im Christian-Brothers-Kloster im Napatal. Als Schulbub liebte ich Daudets Geschichten über »Vater Gauchet«, der als Mönch auf der Suche nach dem besten Likör zum Säufer wurde. Ich beschloß daher, den Bruder Kellermeister zum Helden unserer Kampagne zu machen.

Seagram war damit einverstanden, und der Bruder Kellermeister selbst hatte keineswegs Angst davor, die Rolle eines kirchlichen Commander Whitehead zu übernehmen. Aber er fühlte sich verpflichtet, unsere Layouts seinem Ordenobersten in Rom vorzulegen, und dieser hervorragende Heilige schüttelte den Kopf – auf lateinisch natürlich. Kurz Zeit später intervenierte einer der amerikanischen Kardinäle, und ich erhielt den Auftrag, eine Kampagne »ohne Impakt« auszuarbeiten. Dieser etwas ungewöhnliche Wunsch nahm den Wind aus meinen Segeln, und ich überreichte mein Nunc dimittis. Hydraköpfige Kunden bringen unlösbare Probleme mit sich.

7. *Achten Sie darauf, daß Ihre Agentur etwas verdient*
Ihr Etat steht innerhalb der Agentur mit allen anderen Etats in Konkurrenz. Wenn nun an Ihrem Etat nichts zu verdienen ist, so ist wohl sehr unwahrscheinlich, daß die Geschäftsleitung der Agentur die besten Leute gerade hierfür einsetzen wird, und früher oder später wird sie sich nach einem gewinnbringenderen Etat umsehen. Es wird immer schwerer für Agenturen, überhaupt noch Gewinn zu machen. Von 1000 Dollar, die eine Agentur für ihre Kunden ausgibt, verdient sie nun durchschnittlich 34 Cents. Unter diesen Umständen lohnt sich die Mühe beinahe nicht mehr.
Meine Erfahrung zeigt mir, daß der Kunde die besten Ergebnisse erhält, wenn er der Agentur ein bestimmtes, laufendes Honorar zahlt. Das bei uns noch immer sehr übliche 15-Prozent-System ist längst überholt. Vor allen Dingen bei solchen Etats, bei

denen die Agentur objektive Ratschläge geben soll
und sogenannte »verprovisionierbare« und »unver-
provisionierbare« Werbemöglichkeiten zur Verfügung stehen. Es ist doch sehr unrealistisch anzunehmen, daß die Agentur noch objektiv sein kann, wenn
ihre Verdienstmöglichkeit nur bei jenen Werbemitteln
liegt, bei denen sie Provision bekommt.

Es scheint mir, daß das Verhältnis zwischen Kunde
und Agentur dann am idealsten ist, wenn die Einkünfte der Agentur nicht von der Höhe des Betrages
abhängen, den der Kunde auf Empfehlung der Agentur für Werbung ausgibt. Ich habe es viel leichter,
wenn ich meinen Kunden empfehlen kann, mehr
Geld auszugeben, ohne daß ich dabei egoistischer
Gründe verdächtigt werde, und es ist sehr angenehm,
wenn ich meinen Kunden empfehlen kann, weniger
auszugeben, ohne deswegen die Mißgunst meiner
Aktionäre auf mich zu laden.

Eventuell daraus entstehende Preiskriege zwischen
den Agenturen machen mir keine Sorgen. Solche
Preiskämpfe würden nur dazu beitragen, die guten
Agenturen zu stärken und die schlechten auszulö-
schen. Ich glaube wirklich, daß der Standard der
Agenturen gehoben würde. Gute Agenturen sollten
eben höhere Honorare verlangen und auch bekommen als schlechte.

Als ich ankündigte, daß Ogilvy, Benson & Mather
Etats auf Honorarbasis betreuen würden, stieß ich auf
die Zustimmung vieler weitblickender Leute außer-
halb des Agenturgeschäftes. So schrieb zum Beispiel
der Vorsitzende der McKinsey Company: »Ihre An-

kündigung zeigt, daß Sie bereit sind, die Führung zu übernehmen, wenn es gilt, öffentlich die altmodischen Honorierungsmethoden anzugreifen.« Clarence Eldridge schrieb: »Man muß Ihnen gratulieren, daß Sie den Mut haben, mit einer Tradition zu brechen und die Frage der Agenturhonorierung logisch und realistisch angehen: Ich halte das für einen ganz bedeutenden Fortschritt.«

Die Einführung des Honorarsystems machte mich allerdings so unpopulär bei meinen Kollegen von der Werbung, daß wir beinahe aus der American Association of Advertising Agencies, in deren Vorstand ich damals saß, hinausgeflogen wären. 30 Jahre lang verstand es diese vortreffliche Vereinigung, den Agentur-Service mit 15 Prozent zu fixieren, und man mußte, wenn man Mitglied der Vereinigung werden wollte, sich strikte diesem Grundsatz unterwerfen. 1956 wurde diese Provisionsfestsetzung von der Regierung der Vereinigten Staaten verboten. Aber die Tradition war stärker. Jede Werbeagentur, die diese konventionelle Provisionsverrechnung ablehnte, wurde zum schwarzen Schaf gestempelt. Ich wage zu prophezeien, daß sich die Meinung in Madison Avenue ändern wird. Ich glaube sogar, daß man sich einmal an mich erinnern wird als an den Abtrünnigen, der es zuwege brachte, daß Werbeagenturen einen würdigen Status erhielten.

8. *Versuchen Sie nicht, mit Ihrer Agentur zu handeln*
Wenn Sie knauserigen Typen in Ihrem Hause erlauben, mit Ihrer Agentur über die Bezahlung von Rech-

nungen zu feilschen, so machen Sie einen großen
Fehler. Wenn Sie zum Beispiel in der Bezahlung von
Honoraren kleinlich sind, so werden Sie eben für
weniger Geld weniger Service bekommen. Ihre
Agentur wird auf Blindflug schalten müssen, und das
könnte Ihnen Ihr Geschäft kosten.

Wenn Sie aber andererseits bereit sind, für Testspots,
Probeeinschaltungen und alle anderen Dinge, an denen eine Agentur Versuche unternimmt, zu bezahlen, so ermöglichen Sie es Ihrer Agentur zu experimentieren, um so noch bessere und einträglichere
Werbemöglichkeiten für Sie herauszufinden.

Erwarten Sie nicht, daß die Agentur alle die Versuche,
die sie in Ihrem Interesse anstellt, selbst bezahlt.
Wenn sich zum Beispiel herausstellt, daß ein Fernsehspot nicht genauso ausgefallen ist, wie Sie ihn sich auf
Grund des Storyboards vorgestellt haben, so verlangen Sie, daß der Spot neu gemacht wird, aber bezahlen Sie dafür. Fernsehen ist ein sehr schwieriges Medium. Ich habe bis jetzt noch nicht einen einzigen
Spot gesehen, mit dem ich wirklich zufrieden gewesen wäre, aber ich kann es mir einfach nicht leisten,
10 000 Dollar auszugeben, um auf meine Kosten
einen Spot neu drehen zu lassen.

Als wir unseren ersten Spot für Vim-Waschpulver-
Tabletten gerade fertiggestellt hatten, fragte mich ein
kluger Mann von Lever Brothers, ob ich mir vorstellen könnte, daß dieser Spot noch irgendwie verbes-
sert werden könnte. Ich mußte zugeben, daß ich
inzwischen zumindest 19 verschiedene Möglichkeiten kannte. »Gut«, sagte er, »wir werden vier Millio-

nen Dollar für die Einschaltung dieses Spots bezahlen. Ich will, daß er so gut wie nur irgendwie möglich ist. Machen Sie ihn neu, und wir werden dafür bezahlen.« Die meisten Kunden hätten wohl darauf bestanden, daß die Agentur den Spot auf ihre Kosten neu dreht läßt. Eine Einstellung, die allerdings dazu führt, daß die Agentur, wenn sie mit einem Ergebnis nicht zufrieden ist, dies nicht offen zugibt.

Als mich Arthur Houghton einlud, die Werbung für Steuben zu übernehmen, gab er mir kristallklare Weisungen. »Wir machen das beste Glas der Welt, und Ihre Aufgabe ist es, die beste Werbung dafür zu machen.«

Ich antwortete: »Es ist sehr schwer, das beste Glas herzustellen, und sogar den großartigen Leuten bei Steuben passiert es immer wieder, daß nicht ganz einwandfreie Stücke herauskommen. Ihre Kontrolleure zerbrechen diese Stücke. Es ist genauso schwierig, erstklassige Werbung aufzubauen.«

Sechs Wochen später zeigte ich ihm den Andruck unserer ersten Steuben-Anzeige. Es war eine Farbanzeige, und die Klischees, die 1200 Dollar gekostet hatten, waren nicht ganz makellos. Ohne Zögern gestattete mir Arthur Houghton, diese wegzuwerfen und neue zu machen. Es ist ganz einfach unmöglich, daß man für so großartige Kunden zweitklassige Arbeit leistet.

9. *Seien Sie aufrichtig, und verlangen Sie Aufrichtigkeit*
Wenn Sie glauben, daß Ihre Agentur unzulänglich arbeitet oder daß eine spezielle Anzeige mittelmäßig

ist, sagen Sie es klar heraus. Es kann katastrophale Folgen haben, wenn ein Kunde im täglichen Gespräch mit der Agentur nicht rückhaltlos offen ist. Ich meine natürlich nicht, daß Sie unausgesetzt drohen sollten. Sagen Sie nicht: »Sie sind ein Trottel, und ich werde eine andere Agentur nehmen, wenn Sie nicht morgen mit einer großen, revolutionierenden Anzeige zurückkommen.« Solche Brutalitäten wirken nur lähmend. Es ist viel besser, wenn Sie sagen: »Was Sie uns jetzt gerade gezeigt haben, entspricht nicht Ihrem sonst üblichen Niveau. Wollen Sie es nicht doch noch einmal versuchen?« Gleichzeitig sollten Sie natürlich ganz genau sagen, was Ihnen unzulänglich erscheint, und es nicht Ihrer Agentur überlassen, zu raten.

Dieses offene Gespräch wird es Ihrer Agentur ermöglichen, auch Ihnen gegenüber offen zu sein. Jede fruchtbare Partnerschaft ist auf gegenseitige Offenheit aufgebaut.

10. *Seien Sie anspruchsvoll*
Sagen Sie es klar heraus, daß Sie von Ihrer Agentur erwarten, daß sie besser ist als alles bisher Dagewesene, aber sparen Sie nicht mit Lob, wenn wirklich Großartiges geleistet wird. Für viele Kunden ist es sehr einfach, die Agentur dafür verantwortlich zu machen, wenn der Umsatz zurückgeht, aber sie geben nur sehr zögernd zu, daß die Umsätze dank guter Werbung hinaufgegangen sind. Das ist nicht sehr erbauend.

Lassen Sie Ihre Agentur aber nie auf den Lorbeeren

ausruhen. Versuchen Sie, sie zu immer noch größeren Leistungen anzuspornen. Wenn Sie eine gute Kampagne laufen haben, so beauftragen Sie Ihre Agentur, unverzüglich mit der Ausarbeitung einer noch besseren Kampagne zu beginnen.

Sobald es sich herausstellt, daß die Testergebnisse einer Kampagne besser sind als die der jetzt gerade laufenden, gehen Sie zu der neuen Kampagne über, aber geben Sie nie eine Kampagne auf, nur weil Sie dieser überdrüssig geworden sind. Die Hausfrauen sehen Ihre Anzeigen nicht so häufig wie Sie.

Am besten ist es, eine erstklassige Kampagne zu entwickeln und bei ihr einige Jahre lang zu bleiben. Das Problem ist allerdings, diese erstklassige Kampagne zu finden. Solche Äpfel wachsen nicht auf jedem Baum. Darauf kämen Sie sehr bald, wenn Sie meinen Beruf hätten.

11. *Testen Sie alles und jedes*
Das wichtigste Wort in der Werbung heißt: »Testen«. Wenn Sie Ihr Produkt testen, bevor es hinausgeht, und wenn Sie Ihre Werbung testen, dann werden Sie auf dem Markt Erfolg haben.

24 von 25 neuen Produkten kommen über einen Testmarkt nie hinaus. Wer sein Produkt nicht auf einem Testmarkt ausprobiert, läuft Gefahr, bei außerordentlich hohen Kosten und unter sehr peinlichen Umständen im ganzen Land mit dem Produkt Mißerfolg zu haben, anstatt daß dieses Produkt ohne viel Aufsehen und unter materiell noch vertretbaren Umständen bereits auf einem Testmarkt gestorben wäre.

Testen Sie Ihr Versprechen. Testen Sie die Medien. Testen Sie die Überschriften und Illustrationen. Testen Sie die Formate Ihrer Anzeigen. Testen Sie die Häufigkeit. Testen Sie die Höhe des Budgets. Testen Sie Ihre Spots. Hören Sie nie auf zu testen, und Ihre Werbung wird immer noch besser werden!

12. *Lassen Sie sich nie Zeit*
Die meisten jungen Menschen, auch in großen Gesellschaften, handeln so, als ob der Gewinn nicht mit der dafür aufgewendeten Zeit in engem Zusammenhang stünde. Als Jerry Lambert seinen ersten Erfolg mit Listerine hatte, beschloß er, den Einführungsprozeß dadurch zu beschleunigen, daß er Pläne für jeweils einen Monat und nicht für ein ganzes Jahr ausarbeitete. Lambert überprüfte seine Werbung und seinen Gewinn jeden Monat. Als Ergebnis davon verdiente er 25 Millionen Dollar in acht Jahren, während die meisten anderen Leute dafür zwölfmal so lange brauchen. Zu Zeiten Jerry Lamberts lebte die Lambert Pharmacal Company von Monat zu Monat anstatt von Jahr zu Jahr. Ich empfehle dieses Vorgehen allen Unternehmern.

13. *Verschwenden Sie Ihre Zeit nie auf erfolglose Produkte*
Die meisten Unternehmer verschwenden zusammen mit ihren Agenturen viel zuviel Zeit darauf zu versuchen, erfolglosen Produkten doch zum Erfolg zu verhelfen, und viel zuwenig Zeit wird dafür aufgewendet, erfolgreiche Produkte noch erfolgreicher zu machen. In der Werbung erkennt man einen tapferen

Mann daran, daß er aus ungünstigen Testergebnissen
die Konsequenz zieht, den Verlust abschreibt und
sich aufrafft zu neuen Zielen.

Es ist jedoch nicht unbedingt notwendig, ein Produkt
fallenzulassen. Manchmal lassen sich noch große Gewinne erzielen, wenn man die Schwierigkeiten eines
Produktes im richtigen Moment abfängt. Nur wenige
Marketing-Leute wissen, wie sterbende Marken noch
abgefangen werden können. Das ist oft wie beim
Pokern.

Verwenden Sie alle Ihre Zeit, Ihre besten Köpfe und
den größten Teil Ihres Werbebudgets zum Ausbau
Ihrer erfolgreichen Produkte. Sie müssen das Gefühl
für den Erfolg haben und im richtigen Moment die
Werbung groß einsetzen. Unterstützen Sie die erfolgreichen Produkte. Geben Sie die erfolglosen auf.

14. *Ertragen Sie Genies*
Conan Doyle schrieb, daß »Mittelmäßigkeit nichts
Höheres kennt als sich selbst«. Meine Beobachtung
ist die, daß mittelmäßige Menschen ein Genie sofort
erkennen, es ablehnen und glauben, es zerstören zu
müssen.

Es gibt nur sehr wenige Genies in Werbeagenturen,
aber wir brauchen alle, deren wir habhaft werden
können. Beinahe ohne Ausnahme sind sie sehr unan-
genehme Gesellen. Lassen Sie sie gewähren. Sie legen
Ihnen goldene Eier.

15. *Seien Sie nie kleinlich in der Festsetzung des Budgets*
Charlie Mortimer, der Chef von General Foods, war
früher der Werbeleiter dieser Gesellschaft und sagt:

»Der sicherste Weg, zu viel Geld für die Werbung
auszugeben, ist der, zu wenig auszugeben. Es ist, als
ob man eine Fahrkarte für drei Viertel des Weges nach
Europa kaufen wollte. Sie haben dafür Geld ausgegeben, aber Sie werden nie nach Europa kommen.«
Ich bin der Meinung, daß neun von zehn Werbebudgets zu klein sind, um ihre Aufgabe richtig erfüllen zu
können. Wenn für Ihr Produkt weniger als zwei
Millionen Dollar im Jahr an Werbemitteln zur Verfügung stehen, so versuchen Sie erst gar nicht, die
ganzen Vereinigten Staaten in den Werbeplan einzu-
beziehen. Konzentrieren Sie das verfügbare Geld auf
die gewinnbringendsten Märkte, oder beschränken
Sie Ihre Werbung nur auf eine bestimmte soziale
Schicht, oder geben Sie die Werbung überhaupt auf.
Ich gebe es nicht gerne zu, aber es gibt noch viele
andere Wege zum Erfolg.

V

Wie entstehen große Kampagnen?

Jeder neue Texter, Graphiker oder Fernsehmann, der in unserer Agentur zu arbeiten anfängt, wird zuerst in das Konferenzzimmer gebeten, wo ihm unsere Auffassung über Headlines, Texte, Illustrationen, Fernsehspots und über das Versprechen, das in jedem Inserat enthalten sein muß, mitgeteilt wird. Die Regeln, die ich dafür ausgearbeitet habe, sind mir nicht von ungefähr eingefallen. Sie sind das Ergebnis dessen, was ich durch Forschung und Erfahrung gelernt habe.

Unsere Neuankömmlinge reagieren auf meinen Vortrag sehr unterschiedlich. Manche von ihnen fühlen sich sicher und geborgen unter dem Kommando eines Chefs, der offenbar weiß, wovon er spricht. Manche aber können sich nur schwer mit dem Gedanken abfinden, innerhalb so strenger Gesetze arbeiten zu müssen. Diese sagen dann: »Solche Regeln und Grundsätze müssen doch zu sehr langweiliger Werbung führen.«

»Bis jetzt noch nicht«, entgegne ich und fahre fort, die Notwendigkeit einer gewissen Disziplin in der Kunst zu predigen. Shakespeare schrieb seine Sonette auch nach sehr strikten Regeln, und sind diese Sonette deswegen langweilig? Mozart hielt sich bei seinen Sonaten an einen ganz strikten Aufbau: Thema, Durchführung und Wiederholung. Sind diese vielleicht langweilig? Diese Argumente entwaffnen dann auch die meisten dieser Zweifler, und ich verspreche ihnen dafür, daß sie schon bald gute

Werbung machen werden, wenn sie sich nur meinen Grundsätzen unterwerfen.

Was ist aber gute Werbung? Da gibt es drei Schulen. Die Zyniker behaupten, eine gute Anzeige ist die, die vom Kunden genehmigt ist. Eine andere Schule schließt sich der Anschauung von Raymond Rubicam an: »Das hervorstechendste Merkmal einer guten Anzeige besteht nicht nur darin, daß sie verkauft, sondern sich die Öffentlichkeit, aber auch Fachkreise noch lange an diese Anzeige als ein bewundernswertes Meisterstück erinnern.« Ich habe nun gewiß meinen Anteil zu den Anzeigen beigetragen, die von der Fachwelt als Meisterwerke bewundert werden, aber ich gehöre trotzdem zur dritten Schule, die meint, daß eine gute Anzeige das Produkt verkaufen muß, ohne die Aufmerksamkeit auf sich selbst zu ziehen. Die Aufmerksamkeit des Lesers sollte ganz auf das Produkt gelenkt werden, und der Leser sollte nicht sagen: »Was für ein raffiniertes Inserat«, sondern vielmehr: »Das habe ich noch nicht gewußt. Ich sollte dieses Produkt wirklich ausprobieren.«

Es gehört zur Berufspflicht eines Mannes der Werbung, seine Kniffe und Kunstgriffe zu verbergen. Wenn Aeschines zum Volke sprach, so hieß es: »Wie gut er doch spricht.« Wenn aber Demosthenes sprach, so rief das Volk: »Wir wollen gegen Philipp marschieren.« Ich bin für Demosthenes.

Wenn sich meine Neuankömmlinge dieser ernsten Definition guter Werbung nicht anschließen wollen, so bitte ich sie, bei ihrer früheren Einstellung zu bleiben und sich weiterhin in Dummheit und Unwissenheit dahinzuschleppen.

Als nächsten Schritt verbiete ich ihnen, ihre Tätigkeit in unserer Agentur als »creativ« zu umschreiben. Das noch weit vornehmere Wort »Creativity« ist dem zwölfbändigen Oxford-Wörterbuch glatt unbekannt. Fairfax Cone möchte das Wort »Creativity« überhaupt aus unserem Leben verbannen, und Ed Cox meint, daß es keinen creativen oder nichtcreativen Texter gibt, sondern nur gute und schlechte. Denken Sie daran, daß die eben zitierten Herren zu den »creativsten« im Werbegeschäft gehören. Wie konnten wir vor 20 Jahren überhaupt leben, bevor das Wort »Creativity« in das Wörterbuch der Werbesprache kam? Ich schäme mich, aber ich muß zugeben, daß ich es selbst auch gelegentlich verwende, ja sogar in diesem Buch.

In diesem Kapitel will ich dem Leser enthüllen, was ihm am ersten Tag seiner Arbeit bei Ogilvy, Benson & Mather gesagt würde. Diese Erkenntnisse stützen sich auf fünf Quellen:

Erstens auf die Erfahrung in der Werbung der Postversandhäuser. Diese Elite, zu der solche Meister wie Harry Scherman vom »Buch-des-Monats-Klub«, Vic Schwab und John Caples gehören, weiß mehr über die Tatsachen der Werbung als sonst jemand. Sie können den Erfolg jeder Anzeige, die sie schreiben, messen, denn ihr Blick wird nicht von diesen komplizierten Kanälen des Verkaufs getrübt, die es dem Unternehmer meistens unmöglich machen, den Erfolg der Werbung von den verschiedenen anderen Faktoren, die zu seinem Marketing-Konzept gehören, herauszulösen.

Für die Postversandhäuser gibt es keinen Einzelhandel, der sein Sortiment verkleinert oder vergrößert, der ein bestimmtes Produkt besonders forciert oder unter dem Ladentisch versteckt. Die Postversandhäuser müssen sich auf ihre Werbung von Grund auf verlassen können. Entweder schneidet der Leser den Kupon aus oder nicht, und wenige Tage nachdem die Anzeige erschienen ist, weiß der Texter im Postversandhaus genau, ob sie Gewinn brachte oder nicht.

27 Jahre lang habe ich aufmerksam beobachtet, wie Inserate für Postversandhäuser aussehen, und auf Grund dieser Beobachtun-

gen habe ich einige Grundsätze herausgefunden, die, wie mir scheint, für alle Arten der Werbung anwendbar sind.

Die zweitwichtigste Quelle für Informationen über erfolgreiche oder erfolglose Techniken in der Werbung ist die Erfahrung der Warenhäuser. Einen Tag nachdem eine Anzeige erschienen ist, wissen sie genau, wie viele Verkäufe auf Grund der Anzeige getätigt wurden. Und darum schaue ich mir die Werbung von Sears Roebuck, die sicher am meisten davon verstehen, so genau an.

Die dritte Quelle, aus der ich meine Grundsätze ableite, ist die Forschung von Gallup, Starch, Clark-Hooper und Harold Rudolph über die Tatsachen, die den Konsumenten dazu bringen, eine Anzeige zu lesen, und im Falle von Dr. Gallup, über die Faktoren, die dazu beitragen, daß sich Leute an das, was sie gelesen haben, auch erinnern. Im großen und ganzen bestätigen die Erfahrungen der Genannten das, was die Postversandhäuser herausgefunden haben.

Wir wissen viel mehr über die Reaktionen der Konsumenten auf Werbung in Tageszeitungen und Illustrierten als über die Reaktionen auf Fernsehwerbung, da ernst zu nehmende Untersuchungen über das Fernsehen – und das ist meine vierte Quelle – ja eigentlich erst vor 10 Jahren aufgenommen wurden. Immerhin haben Dr. Gallup und verschiedene andere doch schon einige grundlegende Erfahrungen über Fernsehwerbung herausgefunden, so daß wir nicht mehr gänzlich auf Vermutungen angewiesen sind. (Über Rundfunkspots allerdings gibt es kaum Forschungsmaterial. Der Rundfunk wurde vom Fernsehen überrannt, bevor noch irgend jemand gelernt hatte, dieses Medium wissenschaftlich zu gebrauchen. Aber der Rundfunk hat sich nun doch wieder soweit erholt, daß man ihn zumindest als das Aschenbrödel unter den Werbemedien bezeichnen kann. Es scheint mir nunmehr die Zeit gekommen zu sein, daß sich die Forscher gründlich damit beschäftigen.)

Meine letzte Quelle ist weit weniger wissenschaftlich. Ich bin ein eingefleischter Schnüffler, und die interessantesten Ergebnisse bekomme ich von meinen Vorgängern oder Konkurrenten. Ich habe sehr viel aus den erfolgreichen Kampagnen eines Raymond Rubicam, eines Jim Young und eines George Cecil gelernt.

Das also sind nun meine Rezepte für eine Kampagne, die die Registrierkasse klingeln läßt. Es sind elf Forderungen, die Sie befolgen müssen, wenn Sie in meiner Agentur arbeiten wollen:

1. *Was Sie sagen, ist viel wichtiger, als wie Sie es sagen.* Letzthin fuhr ich im oberen Stock eines Autobusses in der 5th Avenue. Da hörte ich, wie eine mystische Hausfrau zur anderen sagte: »Molly, meine Liebe, ich hätte diese neue Seife wirklich gekauft, wenn sie den Text in 10 Punkt Garamond abgesetzt hätten.«

   Glauben Sie diese Geschichte nur nicht! Was den Konsumenten wirklich zum Kaufen oder Nichtkaufen veranlaßt, ist der Inhalt Ihrer Anzeige und nicht deren Form. Ihr wichtigstes Problem besteht darin zu entscheiden, was Sie über Ihr Produkt sagen wollen und welche Vorteile Sie versprechen wollen. Vor 200 Jahren sagte Dr. Johnson: »Ein Versprechen, ein großes Versprechen, das ist die Seele einer Anzeige.« Als er die Anchor-Brauerei versteigerte, gab er folgendes Versprechen: »Wir verkaufen hier keine Dampfkessel und keine Fässer, sondern die Chance, reicher zu werden, als Sie es sich je erträumt haben.« Die Auswahl des richtigen Versprechens ist von so grundlegender Bedeutung, daß Sie sich nie auf Vermutungen darüber einlassen sollten. Bei Ogilvy, Benson & Mather haben wir fünf Methoden, um das kräftigste Versprechen herauszufinden.

Eine Technik besteht darin, daß wir Muster unseres Produktes an einen ausgewählten Konsumentenkreis verschicken, wobei jedes Muster auf der Packung ein anderes Versprechen hat. Dann vergleichen wir die Prozentsätze der verschiedenen Muster, von denen die Verbraucher eine zweite Lieferung bestellten.

Eine andere Technik besteht darin, den Konsumenten Karten mit verschiedenen Versprechen zu zeigen und zu bitten, die Karte auszusuchen, die sie am ehesten veranlassen würde, das Produkt zu kaufen. Das Ergebnis eines solchen Tests sieht zum Beispiel wie folgt aus:

Gesichtscreme

Reinigt bis tief in die Poren	....
Verhindert Austrocknen der Haut	....
Ist ein umfassendes Schönheitsmittel	....
Von Hautärzten empfohlen	....
Läßt Ihre Haut jünger erscheinen	....
Verhindert ein Verkrusten des Make-ups	.....
Enthält Hormone	....
Pasteurisiert	....
Läßt Ihre Haut nicht altern	...
Glättet Ihre Falten	..

Auf Grund dieser Abstimmung entstand eine von Helena Rubinsteins erfolgreichsten Gesichtscremes. Wir tauften sie »Deep Cleanser« (Tiefenreiniger) und

haben so das am meisten gewünschte Versprechen in
den Namen des Produktes eingebaut.

Eine andere Technik wäre, eine Serie von Anzeigen,
jede mit einem anderen Versprechen, zu entwerfen.
Wir verschicken dann diese Anzeigen an einen ausgesuchten Personenkreis und zählen die Bestellungen,
die auf jede dieser verschiedenen Anzeigen eingehen.

Eine andere Technik ist die, zwei verschiedene Anzeigen mit genau derselben Plazierung und in der
gleichen Zeitung einzuschalten. Im Text dieser Anzeige wird ein Gratismuster angeboten. Wir haben
diesen Kniff zum Beispiel verwendet, um das stärkste
Versprechen für Dove-Toilettenseife zu finden. »Sie
cremt Ihre Haut beim Waschen« hatte 63 Prozent
mehr Bestellungen zur Folge als das nächstbeste Versprechen. Das war auch der Angelpunkt für alle
folgenden Dove-Inserate. Dieses großartige Produkt
brachte schon nach dem ersten Jahr Gewinn. Ein
ganz seltener Fall in der Marketing-Welt von heute.

Und dann haben wir noch eine Technik entwickelt,
um das beste Versprechen herauszufinden. Diese
Technik ist aber so wertvoll, daß es mir meine Partner
verboten haben, sie zu beschreiben. Sie erinnern mich
an die eigennützige Familie von Geburtshelfern im
18. Jahrhundert, die ein Vermögen damit machten,
mehr gesunde Babys auf die Welt gebracht zu haben
als ihre Konkurrenten. Sie bewahrten ihr Geheimnis
drei Generationen lang, und erst als ein unternehm-
mungslustiger Mediziner an ihrem Haus hinaufklet-
terte, um durch ein Fenster zu schauen, wurde der
Welt bekannt, wie ihre Geburtszange aussah.

2. *Wenn Ihre Kampagne nicht um eine große, wirklich einmalige Idee aufgebaut ist, werden Sie keinen Erfolg haben.*

Nicht jeder Kunde kann eine große Idee auch erkennen, wenn sie ihm gezeigt wird. Ich erinnere mich, daß ich einmal eine wirklich brillante Idee einem Kunden präsentierte und er mir sagte: »Mr. Ogilvy, das ist wirklich kalter Kaffee.«

Als ich damit anfing, Anzeigen zu schreiben, beschloß ich, neue Wege zu gehen, um jede einzelne meiner Kampagnen zu der erfolgreichsten in der Geschichte der betreffenden Industrie zu machen. Gelegentlich ist mir dies ja auch gelungen.

3. *Sprechen Sie von Tatsachen.*

Nur wenige Anzeigen enthalten genügend Tatsachenmaterial, um das Produkt zu verkaufen. Unter manchen Textern herrscht die geradezu lächerliche Ansicht, daß die Konsumenten an Tatsachen nicht interessiert seien. Nichts ist weiter von der Wahrheit entfernt als das.

Studieren Sie doch den Text im Sears-Roebuck-Katalog. Dort werden Waren im Wert von Milliarden Dollar jedes Jahr verkauft, indem Tatsachen angeführt werden. Meine Rolls-Royce-Anzeigen enthielten nichts als Tatsachen. Keine Adjektive, kein »völlig neues Fahrgefühl«.

Die Konsumentin ist durchaus nicht dumm. Sie ist wie Ihre Frau. Sie beleidigen ihre Intelligenz, wenn Sie annehmen, daß ein einziger Slogan oder einige nichtssagende Adjektive sie zum Kauf einer Ware veranlas-

Yosemite National Park in Kalifornien. Dort ist der größte Sequoia-Baum 64 m hoch — und 3800 Jahre alt.

Sie können in Wäldern spazieren gehen, die schon zur Zeit Caesars uralt waren — in Ihrem Urlaub in den U.S.A.

Im letzten Jahr besuchten 38 028 Deutsche die U.S.A. Sie brauchen kein Millionär zu sein, um den Urlaub Ihres Lebens dort zu verbringen. Zum Beispiel können Sie für nur DM 396,— eine Busfahrkarte kaufen, die Sie dazu berechtigt, 99 Tage kreuz und quer durch das Land zu fahren. Lesen Sie unten weitere überraschende Tatsachen.

... können nach New York zwischen Mittag- und Abendessen fliegen. Sie können erholt mit dem Schiff während eines verlängerten ... reisenden hinüberfahren oder eine kombi-... Flug- und Schiffsreise machen.

... Fahrpreise sind die niedrigsten in der ... schichte des Transatlantik-Verkehrs. Kein ... der, daß plötzlich *jeder* eine Reise nach ... U.S.A. zu planen scheint.

... ehen Sie sich das Photo oben an. Es wurde ... Kalifornien aufgenommen — im herr- ... chen Yosemite National Park. Ein vier- ... ägiger Ausflug mit dem Muli durch das ... underschöne Hochland von Yosemite ... ostet nur DM 240,—, einschließlich Mahl- ... eiten, Kosten für den Führer und das ... esattelte Muli.

Den Yosemite können Sie wochenlang durchstreifen — seine Pfade sind insgesamt 1127 Kilometer lang — und Sie sehen immer wieder etwas anderes, einen Wasserfall, der neunmal höher ist als die Niagarafälle und natürlich die Riesenbäume — *Sequoia gigantea*. Diese Veteranen waren schon zu Caesars Zeit alt — und einer von ihnen hat einen Stamm von fast *11 Meter Durchmesser*.

Fahren Sie in den Westen — wie viele Amerikaner

Wenn Sie erst einmal die Staaten im Westen der U.S.A. kennen, werden Sie verstehen, warum so viele Amerikaner *ihren* Urlaub dort verbringen.

Warum nicht mit dem *Bus* fahren? Busgesellschaften in den U.S.A. machen ausländischen Besuchern außerordentlich günstige Angebote:

Wohin Sie in den U.S.A. auch fahren, Sie werden Erlebnisse mitnehmen, von denen Sie noch Ihren Urenkeln erzählen können.

Eine Besucherin der U.S.A. schrieb dem U.S. Travel Service über ihren Amerika-Urlaub:

„Zum Picknick fuhr ich in die Laramie Mountains, hörte dem Mormonen-Chor in ihrem Tempel in Utah zu, besuchte das Weiße Haus, nahm an einer Gerichtssitzung in Washington, D.C., teil und trank Kaffee mit einem Richter. Ich ging angeln in der San Francisco Bay, skilaufen in New England, wellenreiten in Florida.

Bemerkenswert war eine Gastfreundlichkeit, die nirgendwo in der Welt ihresgleichen hat. Diese Reise war ein solches Erlebnis, daß ich nur wünschen kann, viel mehr Europäer würden sie unternehmen."

99-Tage-Fahrten über *unbegrenzte* Entfernungen für nur DM 396,—. Und das in Luxusbussen mit Klimaanlage und Liegesitzen.

Sie können dem alten „Pony Express trail" bis Cheyenne/Wyoming folgen. Erleben Sie die Rocky Mountains und den Grand Canyon und die Mojave Desert. Besuchen Sie die alten Missionsstationen von Kalifornien — San Miguel, Santa Barbara und Monterey.

Und besuchen Sie San Francisco! Die meisten Besucher nehmen jede Kleinigkeit an dieser Stadt mit ihrer anregenden und kosmopolitischen Atmosphäre. Fahren Sie mit dem cable car den Nob Hill hinauf. Erleben Sie die Golden Gate Bridge im Lichterglanz bei Nacht.

„San Francisco hat nur einen Fehler", sagte Rudyard Kipling, „— es fällt sehr schwer, dort wegzugehen."

Das ist Patrick Adams, der Enkel des Roten Himmel. Vielleicht treffen Sie ihn in Montana.

Das erste, was Sie tun sollten

Heute wird das Fremdenverkehrsbüro der Vereinigten Staaten offiziell eröffnet. Schreiben Sie, rufen Sie an oder kommen Sie selbst vorbei: Fremdenverkehrsamt der U.S.A., Frankfurt am Main, Große Gallusstraße 1-7, Telefon 29 10 56, Abt. 18

Als nächstes besuchen Sie Ihr Reisebüro, Ihre Schiffahrts- oder Fluggesellschaft. Und fragen Sie bei dem Amerikanischen Konsulat an, welche Papiere Sie für das Visum brauchen. Es ist heute viel einfacher, ein Visum zu bekommen — die Bürokratie ist auf ein Minimum reduziert worden.

Reisen Sie in eine neue Welt — Besuchen Sie die U.S.A.

Die Golden Gate Bridge ist für die West-Küste das, was die Freiheits-Statue für die Ost-Küste ist — ein Symbol des Willkommens der Vereinigten Staaten von Amerika.

Für die Durchführung der Kampagne »Besucht die USA« wählte die Regierung der Vereinigten Staaten unter 139 anderen Bewerbern Ogilvy, Benson & Mather aus.

Rodeo im Tal des Pecos in New [...]

„Wo sind die Cowboys und die Indianer?"

— eine der ersten Fragen, die über die U. S. A. gestellt werden

Besucher der U. S. A. sind überrascht, wenn sie erfahren, wie sehr der alte Westen der U. S. A. noch lebendig ist. Sie können Zureiter von Wildpferden in Montana sehen, Schlangentänzer der Hopi-Indianer in Arizona — und den unvergeßlichsten Urlaub Ihres Lebens verbringen.

DIE GESCHICHTE der alten Grenze im amerikanischen Westen ist erfüllt vom Donner der Hufe durchgehender Büffelherden und der Trommeln der Indianer.

Heute können Sie erleben, wie ein Teil der Geschichte wieder lebendig wird. Jedes Jahr im Juli erwacht der alte Westen in Cheyenne / Wyoming für eine Woche zu neuem Leben. Das sind die „Frontier Days" — Tage der Grenze —, während der eines der größten Rodeos, der berühmten Cowboy-Feste, veranstaltet wird.

Sommer ist die beste Zeit für Rodeos im Westen der U. S. A. Sie können das Zureiten wilder Pferde und das Einfangen junger Stiere miterleben in diesem ungeheuer weiten, gastfreundlichen Land.

Es gibt über 500 festliche Ereignisse pro Jahr in einem Staat allein, vom Mädchen-Rodeo bis zu Festen von einer Woche Dauer.

Palaver bei den Pawnee-Indianern

Das Erbe der amerikanischen Indianer ist noch im ganzen Land erkennbar. Die meisten Palaver und Stammesfeiern werden jährlich im Juli und August abgehalten. Sie finden Pawnees in Oklahoma, Sioux in den Dakota-Staaten, Hopis in Arizona.

Frau Lucy van Zütphen aus Bad Nauheim schreibt an den U. S. Travel Service:

„Wann immer die Rede von den U. S. A. ist, schwärme ich von meiner Reise dorthin. Ich erzähle von den freundlichen Menschen und ihrer herzlichen Gastfreundschaft."

Sie werden auch von den günstigen Angeboten für Reisen innerhalb der U. S. A. angenehm überrascht sein. Für DM 400,— können Sie 15 Tage lang auf den Strecken von 13 inneramerikanischen Fluggesellschaften reisen. Die Linien führen *durch 48 Staaten* und berühren *mehr als 550 Städte.* (Wenn Sie das Sonderticket schon hier kaufen, sparen Sie 5 % Beförderungssteuer.)

Zwei transkontinentale Busgesellschaften bieten *99 Tage* unbegrenzter Reisen auf ihren Strecken für nur DM 396,—. (Dieses Ticket *müssen* Sie vor Ihrer Abreise bereits hier erwerben.)

Beginnen Sie *jetzt,* Ihren Urlaub vorz[...] reiten. Dies ist auch das Jahr der Wel[...] stellung in New York. Sie wird am 22. A[...] eröffnet und dauert bis zum 18. Okto[...] 46 Länder und über 200 Industriezweige[...] den eine unvergeßliche Ausstellung bie[...]

Was Sie zuerst tun sollten

Lassen Sie sich in Ihrem Reisebüro [...] Fordern Sie beim U. S. Travel Service ko[...] loses Informationsmaterial an. Schreiber[...] oder besuchen Sie das Fremdenverkehrs[...] der U. S. A., 6 Frankfurt am Main, G[...] Gallusstr. 1-7, Telefon 29 10 56, Abt. 3[...]

Und vergessen Sie nicht — jetzt kan[...] den meisten Fällen ein Besuchervisum[...] die U. S. A. per Post beantragt werden.

Reisen Sie in eine neue Welt —
Besuchen Sie die U. S. A.

Im Handelsblatt, der führenden deutschen Wirtschaftszeitung, kam seinerzeit die positive Resonanz auf diese Serie in einem eigens dafür verfaßten redaktionellen Beitrag zum Ausdruck.

A view of the old town of Nuremberg, from the fortress. Nuremberg is one of 10 cities in Germany served by KLM

...even navigation systems guide your KLM jet to Europe. Read 14 other facts you should know about the careful, punctual Dutch and the reliability of KLM.

...M jet flying to Europe has weather radar and no less than seven naviga-
...s. Many experienced travelers believe that KLM is the most **reliable**
...es. Read these fascinating facts and you will know why.

...s achieve rank by *hard work*. It
...twelve years of flying to become
...First Class.

...cent of KLM's maintenance work
...her airlines.

...the first European airline to be
...the Federal Aviation Agency to
...es for U.S. airlines without fur-
...n.

...trains flying crews for other air-
...compliment to KLM reliability.

...**trasonic washing**

...ultrasonic washing machines to
...parts, ultraviolet light to inspect
...l ovens to dry them. But to clean
...d pistons, KLM craftsmen use
...y-stones — which can be blasted
...rts at tremendous pressure with-
...them.

...Butler, lecturer and editor, com-
...Butlers' Guides that KLM "has
...le respect for its high standards
...nd courtesy."

7. A KLM stewardess learns make-up from Elizabeth Arden in Holland, speaks at least *four* languages fluently, and walks *eight miles* on a flight to Europe.

8. First class meals on KLM are served on exquisite Hutschenreuther china. It was specially designed for KLM worldwide services. No easy task. The china has to withstand tropical heat, deep freezing, reheating, washing. KLM insisted it had to be elegant too. It is.

9. KLM first class meals include three *Grand Vins*. Typical selection: Champagne Moët 1959, Zeltinger Schwarzlay 1959 and Mouton Cadet 1955.

10. KLM was the first airline to have its own medical service along its routes. Many people traveling under doctor's orders have become regular KLM passengers for this reason.

11. The total length of KLM's route network is 168,000 miles — the world's second longest network.

12. At Amsterdam Airport, you can buy European cars *tax-free*, at savings up to $3,000. And cameras, watches, perfumes and liquor — often at less than half U.S. prices.

New low group fares*

13. You can now fly from New York to Amsterdam with a qualified party of twenty-five or more people and *save almost $200 each* on the round-trip jet economy fare.°

14. Here is a remarkable KLM stopover bargain. When you fly first class from New York to Rome by KLM jet, you can actually go or return via the Caribbean and visit 9 countries in Europe for *no extra fare*.

*Valid for departures on or before May 31 (during May, Mon. through Thurs. only)

For information, see your travel agent, call KLM or mail coupon.

KLM Royal Dutch Airlines
609 Fifth Avenue, New York 17. Tel: PLaza 9-3600

Please send comprehensive color portfolio, "Europe in the palm of your hand."

Mr/Mrs/Miss _____

Address _____

City _____ Zone ___ State _____

C-7   *(Name of your travel agent)*

Es hat sich erwiesen, daß Abbildungen und Darstellungen dessen, was einen am Bestimmungsort erwartet, entschieden mehr werblichen Wert besitzen als raffinierte Fotos und Fotomontagen etwa von Flugzeugen.

Men, with the help of IBM computers, are solving the problems of travel in outer space without leaving the ground.

Report on space travel:
IBM computers "land" a man on the Moon

A YOUNG SCIENTIST named Dr. Bret Charipper recently flew to the moon. It was a routine trip for Dr. Charipper. He made it in a spacecraft mock-up at IBM's Space Guidance Center in Owego, New York.

While his colleagues—and an IBM computer—monitored his controls, Dr. Charipper blasted his spacecraft out of a simulated orbit around the moon and watched the lunar mountains grow big on his viewing panel. Six minutes later he eased his spacecraft down toward the designated landing area—the center of a large crater.

Though "simulated," these flights are of the highest scientific importance to man's future in space.

Thousands of them have been made by scientists at research centers studying space travel.

For instance, IBM computers are now helping engineers understand the complex problems that Project Gemini astronauts will encounter in space. Three minutes after each simulated flight, the computer prints out a record of the pilots' performance, including spacecraft control and landing accuracy.

Simulation—the science of testing events before they occur

Space travel is only one of many fields now being diligently explored by IBM computers, with the help of special simulation programs.

A simulation program actually supplies a computer with a mathematical "model" of a project *while it's still on the drawing board.*

The computer can then predict in great detail how that project will function under hundreds of different—or changing—circumstances.

IBM simulation programs are helping engineers find out how new highways will cope with different traffic conditions—before spending a dollar for their construction.

Other simulation programs are helping the U.S. Weather Bureau investigate ways to forecast weather months in advance. This research could someday lead to actual weather control.

Computer simulation is testing out the designs tomorrow's passenger planes, the types of stor we'll be shopping in, and hundreds of new ideas tha will improve our daily life in the years to come.

Computers don't think. They are only machines But thinking men use them to analyze more thing at once than the mind can grasp. With the ne simulation programs, computers are helping ma most daring dreams become reality, including th eventual trip to the moon.

IBM.

Dieses Beispiel aus einer Anzeigenserie soll die Bemühungen aufzeigen, mit der die IBM ihren Beitrag an der Technik und damit ihren Dienst an der Menschheit leistet.

sen können. Sie will alle Informationen, die Sie ihr nur geben können.

Die verschiedenen im Wettbewerb stehenden Produkte auf dem Markt werden sich immer ähnlicher. Die Produzenten haben ja alle Zugang zu denselben wissenschaftlichen Publikationen, sie haben dieselben Maschinen und stützen sich auf dieselben Forschungsergebnisse. Nun glauben deshalb die meisten Texter, daß es sinnlos wäre, den Konsumenten über Dinge zu erzählen, die alle anderen Marken auch haben, und so beschränken sie sich auf einige ganz unbedeutende Unterscheidungsmerkmale. Ich hoffe, daß sie auch weiterhin diesen Fehler begehen werden, so können wir die Tatsachen und Wahrheiten für unsere Kunden mit Beschlag belegen.

In unserer Shell-Werbung sprechen wir von Tatsachen, die andere Benzinfirmen auch für sich anführen könnten, es aber nicht tun.

In unserer Werbung für KLM, Royal Dutch Airlines, sprechen wir zu den künftigen Fluggästen über Sicherheitsmaßnahmen, die alle anderen Luftlinien auch beachten, aber in ihren Anzeigen nicht davon sprechen.

Als ich als Vertreter von Tür zu Tür ging, fiel mir auf, daß ich um so mehr von meinen Waren verkaufte, je mehr Informationen ich den Kunden gab. Claude Hopkins entdeckte dasselbe für die Werbung, allerdings schon vor 50 Jahren. Die meisten Texter allerdings finden es angenehmer, kurze, dafür aber faule Anzeigen zu schreiben. Ja, das Sammeln von Tatsachen bedeutet angestrengtes Arbeiten.

4. *Aus Langeweile wird niemand etwas kaufen.*
Eine durchschnittliche Familie ist in den Vereinigten
Staaten derzeit täglich etwa 1500 Werbeimpulsen ausgesetzt. Es ist also kein Wunder, daß die Leute eine
beachtenswerte Fähigkeit darin entwickelt haben, Anzeigen in Zeitungen und Zeitschriften zu übersehen
und sich die Hände waschen zu gehen, während im
Fernsehen Werbespots laufen.
Die durchschnittliche Hausfrau liest heute nur vier
Anzeigen von den vielen, die in einer Zeitschrift erscheinen. Sie bemerkt zwar noch viele andere, aber
schon beim ersten Blick entdeckt sie, daß diese Anzeige zu langweilig ist, um sie zu lesen.
Der Kampf um die Aufmerksamkeit des Konsumenten wird täglich schärfer. Die Hausfrau wird
von Werbung, die jeden Monat eine Milliarde Dollar kostet, bestürmt. 30 000 Marken versuchen, in
ihrer Erinnerung haftenzubleiben. Wenn Ihre
Stimme in diesem ohrenbetäubenden Lärm gehört
werden soll, so muß diese Stimme schon etwas
Besonderes zu sagen haben. Unsere Aufgabe ist es,
dafür zu sorgen, daß die Stimme unserer Kunden
gehört wird.
Wir wollen Anzeigen verfassen, die die Leute gerne
lesen. In leeren Kirchen ist es schwer, Seelen zu
retten. Wenn Sie aber unsere Grundsätze beachten,
so werden Sie mehr Leser per ausgegebenen Werbe-
dollar ansprechen können.
Ich fragte einmal Sir Hugh Rigby, den Leibarzt des
Königs Georg V., was denn das Geheimnis eines
guten Chirurgen sei. Sir Hugh antwortete: »Es gibt

nicht viele Unterschiede im handwerklichen Können der Chirurgen. Was einen großen Chirurgen von den anderen unterscheidet, ist nur die Tatsache, daß er mehr weiß als die anderen.« Das gilt natürlich auch für Werbeleute. Die guten wissen genau, wie sie die Dinge anzugehen haben.

5. *Haben Sie gute Manieren, und seien Sie kein Clown.*
Die Verbraucher kaufen nicht von Verkäufern mit schlechten Manieren, und sie kaufen nichts auf Grund von Anzeigen, die auf schlechte Manieren schließen lassen. Es ist viel einfacher, Leuten etwas mit einem herzlichen Händedruck zu verkaufen als mit der berühmten Holzhammermethode. Sie sollten versuchen, durch Charme den Konsumenten zu gewinnen.
Das heißt nun allerdings nicht, daß Ihre Anzeige pfiffig oder komisch sein soll. Der Konsument will von Komikern nichts kaufen. Beim Einkauf ist die Hausfrau in einer recht ernsten Verfassung.

6. *Gestalten Sie Ihre Anzeigen zeitgemäß.*
Eine junge Hausfrau von heute kam auf die Welt, als Präsident Roosevelt schon gestorben war. Sie lebt in einer neuen Welt. Mit 51 fällt es mir immer schwerer, mich auf den Ton von jungen Ehepaaren einzustellen, die gerade ihr gemeinsames Leben begonnen haben. Das ist auch der Grund, warum die meisten Texter in unserer Agentur so jung sind. Sie verstehen die Psyche der jungen Konsumenten besser als ich.

7. *Komitees können Anzeigen kritisieren, aber niemals schreiben.*
Viele Anzeigen und Fernsehspots sehen aus wie das Protokoll einer Komiteebesprechung, und wahrscheinlich sind sie das auch. Werbung verkauft dann am meisten, wenn sie von einer überragenden Persönlichkeit verfaßt wurde. Das Produkt muß studiert werden, die Marktinformationen und die Konkurrenzwerbung. Und dann soll der Texter sich einsperren und die Anzeige schreiben. Die beste Anzeige, die ich je geschrieben habe, kam nach 17 Entwürfen zustande und hat dann allerdings ein großes Unternehmen aufgebaut.

8. *Wenn Sie einmal das große Glück haben, eine gute Anzeige geschrieben zu haben, so wiederholen Sie diese so lange wie möglich.*
Wie viele gute Anzeigen wurden zurückgezogen, nur weil der Kunde sie nicht mehr sehen konnte, und hätten doch noch so viel Verkaufskraft in sich gehabt. Sterling Getchels berühmtes Plymouth-Inserat (»Look at all Three«) erschien nur ein einziges Mal und wurde von einer Serie viel schlechterer Anzeigen abgelöst, die alle sehr schnell in Vergessenheit gerieten. Aber die Sherwin Cody School verwendete ein und dieselbe Anzeige (»Do You Make These Mistakes in English«) 42 Jahre lang und änderte lediglich die Schrifttypen und die Farbe von Mr. Codys Bart. Ihre Werbung richtet sich nicht an eine unbewegliche Menschenmauer, sondern an einen sich stets ändernden Markt.

Drei Millionen Konsumenten heiraten jährlich. Eine Anzeige, die an Leute, die letztes Jahr geheiratet haben, einen Kühlschrank verkaufte, wird dies wohl mit demselben Erfolg auch im nächsten Jahr tun. 1 700 000 Konsumenten sterben jedes Jahr, und vier Millionen neue werden geboren. Sie kommen in den Markt und verlassen ihn. Eine Anzeige ist wie ein Radargerät, stets auf der Suche nach denen, die neu auf den Markt kommen. Sie sollten ein gutes Radargerät haben und es richtig bedienen.

9. *Schreiben Sie nie eine Anzeige, die Sie Ihrer Familie nicht zeigen würden.*
Sie werden Ihre Frau nicht belügen, also belügen Sie doch auch meine Frau nicht! Was du nicht willst, das man dir tu, das füg' auch keinem andern zu! Wenn Sie über ein Produkt Falsches aussagen, so wird man Sie sehr schnell dabei erwischen. Entweder die Behörden, die Sie anklagen werden, oder die Konsumenten, die Sie dadurch strafen, daß sie Ihre Produkte nicht mehr kaufen.
Gute Produkte können durch ehrliche Werbung verkauft werden. Wenn Sie von der Qualität eines Produktes nicht überzeugt sind, so sollten Sie dafür auch nicht Werbung betreiben. Wenn Sie lügen oder drum herumreden, so erweisen Sie Ihren Kunden einen schlechten Dienst, und Sie laden eine schwere Schuld auf sich, da Sie dadurch der Abneigung, die in der Öffentlichkeit gegen die Werbung besteht, neue Nahrung geben.

10. *Das Image und die Marke.*
Jede Anzeige sollte als ein Beitrag zum Brand-Image
(Markenbild) betrachtet werden. Wenn Sie das stets
im Auge behalten, so werden sich viele alltägliche
Probleme von selbst lösen. Welches Image soll nun
aufgebaut werden? Darauf gibt es keine kurze Antwort. Die Marktforschung oder Befragung kann
nicht sehr viel helfen. Sie müssen sich in diesen Fällen
ganz einfach auf Ihr eigenes Urteil verlassen.
(Es fällt mir auf, daß Marketing-Fachleute immer
zurückhaltender werden, wenn ein Urteil von ihnen
verlangt wird. Sie verlassen sich zu sehr auf Forschung und erinnern mich dabei immer an einen
Betrunkenen, dem eine Laterne viel mehr als Stütze
denn als Lichtquelle dient.)
Viele Kunden wollen nicht einsehen, daß das Image
ihres Produktes gewisse Grenzen hat. Sie möchten,
daß es alles für alle ist. Sie möchten, daß ihre Marke
sowohl Männer als auch Frauen anspricht, die oberen
Zehntausend und den Normalverbraucher. Und das
führt dann meistens dazu, daß die Marke überhaupt
keine Persönlichkeit mehr hat, sondern ein gänzlich
gesichtsloses Neutrum wird. Ein Kapaun wird nie
Herr im Hühnerstall sein.
95 Prozent aller derzeit laufenden Werbekampagnen
entstanden ohne solche langfristigen Überlegungen.
Sie wurden sozusagen ad hoc in die Welt gesetzt, und
deshalb dieser Mangel an bleibendem Image.
Was für ein Wunder ist es doch, wenn es einem
Produzenten gelingt, für seine Werbung einen ein-
drucksvollen Stil zu finden, der viele Jahre anhält.

Denken Sie doch nur an all die Einflüsse, die versuchen, diesen Stil zu ändern. Die Werbeleiter kommen und gehen, die Texter ebenso – ja sogar die Agenturen.

Es bedarf schon einer ungewöhnlichen Ausdauer und eines gewissen Mutes, bei einem Stil zu bleiben – trotz des dauernden »Kommen Sie mit etwas ganz Neuem«. Es ist tragisch und nur allzu leicht, laufend zu wechseln, aber goldene Lorbeeren erwarten den Werbungtreibenden, der den Kopf hat, ein bleibendes Image zu schaffen, und die Ausdauer, dabei zu bleiben. Als Beispiel möchte ich Campbell Soup, Ivory Soap, Esso, Betty Crocker und Guinness Stout (in England) anführen. Die Leute, die für die Werbung dieser Evergreens verantwortlich waren, wissen, daß jede Anzeige, jeder Radio- oder Fernsehspot nicht nur eine einmalige Angelegenheit ist, sondern eine langfristige Investition in die Persönlichkeit ihrer Marken. Sie haben der Welt ein bleibendes Image präsentiert und sind dabei reich geworden.

Während der letzten paar Jahre ist es den Marktforschern gelungen herauszufinden, welches Image alte Marken auf dem Markt haben. Einige Produzenten erfuhren dabei zu ihrer großen Ernüchterung, daß ihre Markenbilder ernste Schönheitsfehler haben, die sich natürlich auch auf die Verkäufe auswirken. Sie beauftragen deshalb ihre Werbeagentur, das Markenbild ihres Produktes zu ändern. Das ist nun wirklich eine der schwierigsten Aufgaben, die uns je gestellt wurden, denn das schlechte Image wurde während vieler Jahre aufgebaut und ist das Ergebnis von so

verschiedenen Faktoren wie Werbung, Preispolitik,
Name des Produktes, Verpackung, es hängt zusammen mit der Art von Fernsehprogrammen, die patro-
nisiert wurden, und mit der Frage, wie lange das
Produkt schon auf dem Markt ist.

Die meisten Kunden, die es für richtig halten, das
Image ihrer Marke zu ändern, wollen es nach oben
hin verändern. Oft handelt es sich dabei um das
Image eines besonders günstigen Gelegenheitskaufes,
welches in Zeiten ökonomischen Mangels sicher sehr
wünschenswert ist, aber ein schweres Handicap während einer Wirtschaftsblüte, wenn die Mehrheit der
Konsumenten auf der sozialen Leiter nach oben
steigt.

Es ist gar nicht leicht, eine derartige kosmetische
Operation an einer alten »Gelegenheitskaufmarke«
vorzunehmen. In vielen Fällen wäre es wohl leichter,
ganz von neuem anzufangen und ein neues Markenbild aufzubauen. Je größer die Ähnlichkeit zwischen
zwei Marken ist, um so unwichtiger werden ratio-
nelle Überlegungen in der Entscheidung für eine
Marke. Es gibt kaum nennenswerte Unterschiede
zwischen den verschiedenen Whisky-, Zigaretten-
oder Biersorten, sie sind alle ungefähr gleich. Dasselbe gilt für Keks, Waschpulver und Margarine.

Der Erzeuger, der nun all seine Werbung darauf
ausrichtet, eine möglichst scharf profilierte Persönlichkeit für seine Marke zu schaffen, wird den größten
Marktanteil und den höchsten Gewinn erzielen. Und
deshalb werden auch die Erzeuger in große Schwierigkeiten kommen, die so kurzsichtig sind, ihre Wer-

bemittel für zweifelhafte verkaufsfördernde Maßnahmen zum Fenster hinauszuwerfen.

Seit Jahr und Tag weise ich meine Kunden auf die großen Gefahren hin, in die ihre Marken kommen können, wenn sie so viel Geld für Verkaufsförderung und »Aktionen« ausgeben, daß für echte Werbung nichts mehr übrigbleibt. Preissenkungsaktionen und andere radikale Maßnahmen dieser Art finden natürlich bei den Verkaufsleitern begeisterte Zustimmung, sind aber in Wirklichkeit nur von kurzer Dauer. Und was noch schlimmer ist, die Hausfrau gewöhnt sich an solche Sonderangebote. Bev Murphy, der Art Nielsens Technik, die Käufe zu messen, erfunden hat und später Präsident von Campbell Soup wurde, sagt: »Die Verkäufe sind eine Funktion des Produktwertes und der Werbung. Sonderangebote können nur ein zeitlich begrenztes Ansteigen der Verkaufskurve zur Folge haben.« Jerry Lambert hat sich für Listerine nie solcher Maßnahmen bedient, denn er wußte, daß solche Unregelmäßigkeiten in der Verkaufskurve es unmöglich machen, den Erfolg der Werbung herauszulesen.

Dauernde Sonderangebote führen dazu, daß der Konsument das Produkt nur noch geringschätzt. Kann etwas, was dauernd zu Sonderpreisen verkauft wird, wirklich gut und erwerbenswert sein? Planen Sie Ihre Kampagnen auf Jahre hinaus, in der Annahme, daß Ihre Kunden dauernd im Geschäft bleiben wollen. Geben Sie den Marken eine scharf umrissene Persönlichkeit, und bleiben Sie Jahre hindurch bei diesem Persönlichkeitsbild.

Die Stellung eines Produktes am Markt wird letztlich durch die Persönlichkeit einer Marke bestimmt und nicht durch irgendwelche Produktunterschiede.

11. *Seien Sie kein Textedieb.*
Rudyard Kipling schrieb ein langes Gedicht über einen erfolgreichen Wirtschaftskapitän, den er Sir Anthony Gloster nennt. Auf seinem Sterbebett erinnert sich der alte Mann an sein hinter ihm liegendes Leben und will seinem Sohn Ratschläge geben. Über seine Konkurrenten meint er gering schätzig:

Sie haben mir alles nachgemacht, was sie
begreifen konnten,
aber meine Gedanken haben sie nie begriffen,
denn ich war diesen schmutzigen Dieben doch
immer um anderthalb Jahre voraus.

Sooft Ihnen der Wurf einer großen Werbekampagne gelungen ist, werden Sie sehen, daß eine andere Agentur die Kampagne zu stehlen versucht. Das ist nicht sehr erfreulich, aber lassen Sie sich nicht aus der Fassung bringen. Noch nie ist es jemandem gelungen, ein Markenbild durch die Nachahmung anderer Leute Werbung aufzubauen. Die Nachahmung mag zwar die ehrlichste Form für Plagiate sein, aber sie läßt doch auf einen wenig ideenreichen Menschen schließen.

Das also sind die Grundsätze, die ich unseren Neuankömmlingen beizubringen bemüht bin. Als ich neulich eine Gruppe von Mitarbeitern, die ein Jahr lang bei uns waren, fragte, was ihnen denn an Ogilvy, Benson & Mather im Vergleich zu ihren früheren

Agenturen besonders auffalle, war ich angenehm davon überrascht, daß sehr viele die Tatsache unserer klar definierten Grundsätze besonders hervorstrichen. Einer von ihnen schrieb zum
Beispiel: Ogilvy, Benson & Mather hat einen konsequenten
Standpunkt und eine ausgeprägte Meinung darüber, wie gute
Werbung ausschauen muß. Meine frühere Agentur hatte das
nicht und trieb deshalb ruderlos im Meer.

VI

Wie schreibt man
wirkungsvolle Texte?

I. Schlagzeilen

Die Überschrift ist der wichtigste Teil einer Anzeige. Sie ist das Telegramm, das den Leser dazu bringt, den Text überhaupt zu lesen. Von fünf Personen lesen durchschnittlich vier nur die Überschrift, während nur einer den gesamten Text liest. Wenn Sie Ihre Schlagzeile geschrieben haben, so sind 80 Cents von Ihrem Dollar bereits ausgegeben.
Wenn Sie mit Ihrer Schlagzeile nicht bereits etwas verkauft haben, so haben Sie 80 Prozent des Geldes, das Ihrem Kunden gehört, verschwendet. Die schändlichste aller Sünden ist eine Anzeige ohne Überschrift. Solche kopflosen Ungetüme gibt es noch immer. Der Texter allerdings, der es wagen würde, mir so etwas vorzulegen, wäre nicht zu beneiden. Ein Austauschen der Schlagzeile kann eine Veränderung der Verkäufe im Verhältnis 10 : 1 zur Folge haben. Ich schreibe nie weniger als 16 verschiedene Schlagzeilen für eine Anzeige und halte mich dabei an bestimmte Richtlinien:

1. *Die Überschrift ist das Wichtigste*
   Wecken Sie mit der Schlagzeile die Aufmerksamkeit und das Interesse der Leser, die für Ihr Produkt in Frage kommen. Wenn Sie ein Mittel gegen Blasen-

schwäche verkaufen, so schreiben Sie das Wort »Blasenschwäche« in Ihre Überschrift, und jeder, der darunter leidet, wird durch die Überschrift angesprochen werden. Wenn Sie wollen, daß Mütter Ihre Anzeigen lesen, so setzen Sie das Wort »Mütter« in die Schlagzeile, usw.

Andererseits soll nichts in Ihrer Schlagzeile vorkommen, was Leser, die für das Produkt in Frage kommen könnten, ausschließt. Wenn Sie zum Beispiel für etwas werben, was von Frauen und Männern verwendet werden kann, so richten Sie Ihre Überschrift nicht nur an Frauen. Das würde die Männer sofort abschrecken.

2. *Jede Überschrift sollte sich an das persönliche Interesse des Lesers wenden.*
Sie sollten einen persönlichen Vorteil versprechen, wie ich es zum Beispiel in meiner Schlagzeile für Helena Rubinsteins Hormoncreme tat: »Wie können Frauen über 35 jünger ausschauen?«

3. *Versuchen Sie immer, eine Neuigkeit in Ihrer Schlagzeile unterzubringen.*
Denn der Konsument ist stets auf der Ausschau nach neuen Produkten, neuen Verwendungsmöglichkeiten oder Verbesserungen alter Produkte.
Die zwei wirkungsvollsten Worte für eine Schlagzeile sind »gratis« und »neu«. Sie können nur selten »gratis« sagen, aber Sie können beinahe immer »neu« sagen, wenn Sie sich nur genug anstrengen.

4. *Andere Wörter und Sätze, die wahre Wunder wirken,*
   sind:
   Wie kann man . . .; Plötzlich; Jetzt; Wir geben be-
   kannt; Einführung; Jetzt ist es da!; Eben eingetroffen;
   Umwälzende Neuerung; Verbesserung; Überra-
   schend; Frappierend; Sensationell; Bemerkenswert;
   Revolutionierend; Wunderbar; Zauberhaft; Ange-
   bot; Schnell; Leicht; Wir suchen; Ihre Chance; Ein
   Rat für; Die Wahrheit über . . .; Vergleichen Sie;
   Gelegenheit; Greifen Sie zu; Letzte Chance.
   Rümpfen Sie nicht die Nase über diese Gemein-
   plätze. Sie mögen abgedroschen sein, aber sie wirken!
   Darum tauchen sie so oft in den Überschriften von
   Postversandhäusern und in den Schlagzeilen all derer
   auf, die die Ergebnisse ihrer Werbung prüfen können.
   Schlagzeilen können noch verstärkt werden durch
   gefühlsbetonte Worte wie Liebling; Liebe; Angst;
   Stolz; Freude und Baby. Eine der aufreizendsten An-
   zeigen, die unsere Agentur je verlassen hat, zeigt ein
   Mädchen in einer Badewanne, das gerade mit seinem
   Freund telefoniert. Die Überschrift lautet: »Liebling,
   ich erlebe gerade etwas ganz Wunderbares. Ich bin
   von Kopf bis Fuß in Dove eingehüllt.«[1]

5. *Vier Fünftel aller Leser lesen nur die Schlagzeile.*
   Diese flüchtigen Leser sollten also zumindest erfahren, von welcher Marke die Rede ist. Deshalb muß
   der Markenname immer in der Schlagzeile vorkommen.

---

1 Dove = ein Schaumbad.

6. *Ihr Versprechen muß in der Schlagzeile enthalten sein.*
Das bedingt lange Überschriften. Das Institut für
Einzelhandel der New Yorker Universität testete zusammen mit einem Warenhaus Anzeigenüberschrif-
ten und fand dabei heraus, daß Schlagzeilen von zehn
und mehr Wörtern, wenn diese eine Neuigkeit, eine
Information boten, wesentlich mehr verkauften als
kurze Schlagzeilen.
Überschriften von sechs bis zwölf Wörtern brachten
mehr Kuponeinsendungen als kurze Schlagzeilen,
und es ist eigentlich kein Unterschied zwischen den
Lesern von Überschriften von zwölf Wörtern und
solchen von nur drei Wörtern. Die beste Überschrift,
die ich je geschrieben habe, bestand aus 18 Wörtern:
»Bei 60 Meilen in der Stunde ist das lauteste Ge-
räusch im neuen Rolls-Royce die elektrische Uhr.«
(At Sixty Miles an Hour the Loudest Noise in the
New Rolls-Royce comes from the electric clock.[1])

7. *Die Konsumenten werden den Text der Anzeige eher*
lesen, wenn ihre Neugierde durch die Schlagzeile
geweckt wird.
Sie sollten deshalb Ihre Überschrift so aufbauen, daß
der Leser verführt wird weiterzulesen.

8. *Manche Texter schreiben komplizierte Schlagzeilen, mit*
Wortspielen, literarischen Mätzchen und anderen durch-
sichtigen Dingen.
Das ist eine Sünde. In einer Tageszeitung steht Ihre

---

1 Der Chefingenieur von Rolls-Royce las diese Anzeige, schüttelte den Kopf und sagte:
»Es wäre wirklich Zeit, daß wir etwas gegen diese verdammte Uhr unternähmen.«

Schlagzeile durchschnittlich mit 350 anderen im Konkurrenzkampf. Die Forschung beweist, daß die Leser diesen Dschungel von Schlagzeilen nur schnell überfliegen und nicht einhalten, um sich die Mühe zu machen, die Bedeutung einer unklaren Überschrift zu entziffern. Ihre Schlagzeile muß das, was Sie zu sagen haben, in klarer und einfacher Sprache *telegrafieren*.

Versuchen Sie keine Gesellschaftsspiele mit Ihren Lesern. 1960 griff die literarische Beilage der *Times* die schrullige Tradition in der britischen Werbung an und nannte sie »selbstgefällig«, eine Art von privatem Scherz der Mittelklasse, offensichtlich dazu angetan, die Werbeleute und ihre Kunden zu unterhalten. Amen.

9. *Die Forschung zeigt, daß es gefährlich ist, Verneinungen in den Überschriften zu verwenden.*
   Wenn Sie zum Beispiel schreiben »unser Salz enthält kein Arsenik«, so kann es geschehen, daß ein Leser die Verneinung übersieht und den Eindruck bekommt, Sie hätten geschrieben, »unser Salz enthält Arsenik«.

10. *Vermeiden Sie blinde Überschriften.*
    Das sind Überschriften, die nur dann eine Bedeutung haben, wenn auch der übrige Text gelesen wird. Die meisten Leute tun das dann nämlich nicht mehr.

II. Text

Wenn Sie sich vornehmen, einen Text zu schreiben, so stellen Sie sich vor, daß Sie zu einer Dame sprechen, die neben Ihnen bei einem Abendessen sitzt und Sie gerade fragt: »Ich überlege mir, einen neuen Wagen zu kaufen; welchen können Sie mir empfehlen?« Schreiben Sie Ihren Text so, als würden Sie diese Frage beantworten.

1. *Reden Sie nicht herum – gehen Sie gerade auf das Ziel los.*
   Vermeiden Sie Analogien von der Art »gerade so – wie auch«. Dr. Gallup beweist, daß diese Art der Argumentation meistens mißverstanden wird.

2. *Vermeiden Sie Superlative, Verallgemeinerungen und Gemeinplätze.*
   Seien Sie konkret und auf die Tatsachen eingestellt. Seien Sie begeistert, freundlich und so, daß Ihre Argumentationen in der Erinnerung haften bleiben. Seien Sie keinesfalls langweilig. Sagen Sie die Wahrheit, aber sagen Sie diese in interessanter Form.

Wie lang soll Ihr Text nun sein? Das hängt vom Produkt ab. Wenn Sie Kaugummi verkaufen, so ist darüber wohl nicht viel zu sagen. Sie halten Ihren Text also am besten kurz. Wenn Sie aber für ein Produkt Werbung betreiben, das viele Eigenschaften hat, die es besonders empfehlen, so schreiben Sie einen langen Text. Je mehr Sie sagen, um so mehr werden Sie verkaufen (the more you tell, the more you sell!).
Laien pflegen anzunehmen, daß die Leser keine langen Texte

lesen. Nichts ist von der Wahrheit weiter entfernt. Claude Hopkins schrieb einmal für Schlitz- Bier einen fünf Seiten langen Text. In wenigen Monaten kam Schlitz vom fünften auf den ersten Platz. Ich selbst schrieb eine ganze Seite Text für Good-Luck-Margarine, mit höchst befriedigenden Ergebnissen.

Die Forschung zeigt, daß die Leserschaft bis zu 50 Wörtern Text stark abfällt, zwischen 50 und 500 Wörtern aber nur noch sehr wenig. Für meine erste Rolls-Royce-Anzeige brauchte ich 719 Wörter – eine interessante Tatsache nach der anderen. Im letzten Absatz schrieb ich: »Menschen, die Hemmungen haben, einen Rolls-Royce zu fahren, können einen Bentley kaufen.« Auf Grund der vielen Anfragen aus Autofahrerkreisen, die sich auf das Wort »Hemmungen« bezogen, konnte ich schließen, daß die Anzeige gründlich gelesen wurde. In der nächsten verwendete ich 1400 Wörter.

Jede Anzeige sollte ein komplettes Angebot Ihres Produktes sein. Es ist unrealistisch anzunehmen, daß die Verbraucher eine *Serie* von Anzeigen für dasselbe Produkt lesen werden. Sie sollten in jeder Anzeige Ihr ganzes Geschütz auffahren – in der Annahme, daß es die einzige Chance ist, die Sie je haben werden, dem Leser Ihr Produkt zu verkaufen – jetzt oder nie!

Dr. Charles Edwards vom Institut für Einzelhandel an der New Yorker Universität sagte: »Je mehr Tatsachen Sie aufzählen, desto mehr werden Sie verkaufen. Die Erfolgschancen einer Anzeige steigen mit der Anzahl der über das Produkt aufgezählten Tatsachen.«

Mein erstes Inserat für die Entwicklung der puertoricanischen Wirtschaft bestand aus 961 Wörtern, und es gelang mir, Beardsley Ruml dazu zu bringen, dieses zu genehmigen. 14 000 Leser schnitten den Kupon aus diesem Inserat aus, und viele davon gründeten später Unternehmungen in Puerto Rico.

Die größte Befriedigung, die ich in meinem Berufsleben bisher gewonnen habe, bringt mir der Wohlstand in Puerto Rico, das, bis ich meine Anzeigen schrieb, 400 Jahre lang am Rande der Hungersnot gelebt hatte. Wenn ich mich auf einige leere Gemeinplätze beschränkt hätte, so wäre wohl nichts dergleichen geschehen.

Es ist uns sogar gelungen, Leute dazu zu bringen, lange Texte über Benzin zu lesen. Eine unserer Shell-Anzeigen enthielt 617 Wörter, und 22 Prozent der männlichen Leser dieser Anzeige haben mehr als die Hälfte des Anzeigentextes gelesen.

Vic Schwab erzählt die Geschichte von Max Hart und seinem Werbeleiter George L. Dyer. Die beiden stritten sich über lange Texte, und Dyer sagte: »Ich wette mit Ihnen 10 Dollar, daß ich eine Zeitungsseite voll Text schreibe und Sie doch jedes einzelne Wort davon lesen.« Hart lächelte über diese Idee, aber Dyer sagte: »Ich brauche nicht einmal eine Zeile Text zu schreiben, um den Beweis zu liefern. Ich sage Ihnen nur die Überschrift: ›Auf dieser Seite erfahren Sie alles über Max Hart.‹«

Werbungtreibende, die Kupons verwenden, wissen, daß kurze Texte nicht verkaufen. Tests beweisen, daß lange Texte wesentlich besser verkaufen als kurze.

Höre ich jemanden sagen, daß kein Texter lange Anzeigen schreiben kann, wenn ihm seine Media-Abteilung nicht viel Platz zur Verfügung stellt? Diese Frage sollte eigentlich gar nicht auftauchen, denn der Texter muß gehört werden, bevor der Media-Plan ausgearbeitet wird.

3. *Sie sollten immer Urteile in Ihren Text einbauen.*
   Der Leser glaubt lieber der Meinung eines Konsumenten als der marktschreierischen Art eines unbekannten Texters. Jim Young, einer der besten leben-

den Texter, meint: »Das größte Problem für jeden Werbungtreibenden ist, daß man ihm glaubt. Die Postversandhäuser kennen nichts Wirkungsvolleres als die Verwendung von Urteilen oder Zeugnissen, aber der einfache Werbungtreibende verwendet diese Mittel nur sehr selten.«

Die Meinung von berühmten Leuten erreicht bemerkenswert hohe Leserzahlen. Und wenn sie ehrlich geschrieben sind, so werden sie auch geglaubt. Je bekannter die berühmte Persönlichkeit ist, um so mehr Leser werden Sie gewinnen. Wir haben die Königin von England und Winston Churchill für unsere »Come to Britain«-Anzeigen eingesetzt, und es ist uns gelungen, Mrs. Roosevelt zu bewegen, Fernsehspots für Good-Luck-Margarine zu machen.

Zur Einführung des Kundekreditkontos bei Sears Roebuck zeigten wir die Kundenkarte von Ted Williams, »der kürzlich ein Kunde von Sears wurde«.

Manchmal können Sie den ganzen Text in der Form eines Urteils bringen. Meine erste Anzeige für Austin-Automobile hatte die Form eines Briefes von einem »unbekannten Diplomaten«, der seinem Sohn mit dem Geld, das er sich erspart hatte, weil er einen Austin fuhr, nach Gorton geschickt hatte. Eine wohlgezielte Kombination von Snobismus und wirtschaftlichem Denken. Aber ein britischer *Time*-Redakteur vermutete, ich wäre dieser anonyme Diplomat, und bat den Rektor von Gorton um Auskunft. Dr. Crocker war darüber so wütend, daß ich beschloß, meinen Sohn nach Hotchkiss zu schicken.

4. *Ein weiterer sehr brauchbarer Trick besteht darin, dem Leser hilfreichen Rat oder einen Kundendienst anzubieten.*
   Das zieht ungefähr 75 Prozent mehr Leser an als ein Text, der sich nur mit dem Produkt befaßt.

Eine unserer Rinso-Anzeigen lehrte die Hausfrauen, Flecken zu entfernen. Dieses Inserat wurde mehr gelesen (Starch), und man erinnerte sich an diese Anzeige mehr (Gallup) als an irgendein Waschmittelinserat je zuvor. Leider stellte diese Anzeige das Hauptverkaufsversprechen von Rinso – Rinso wäscht weißer – nicht heraus, und deshalb wäre sie besser nie erschienen.[1]

5. *Der »belles-lettres«-Werbeschule konnte ich nie etwas abgewinnen.*
   Diese Schule erreichte ihren pompösen Höhepunkt mit dem berühmten Cadillac-Inserat von Theodore F. MacManus, »The Penalty of Leadership«, und in Ned Jordans klassischem Inserat »Somewhere West of Laramie«.
   Vor 40 Jahren war die Geschäftswelt von diesen purpurnen Prosa-Kunststücken sehr beeindruckt. Mir schienen sie immer absurd, denn sie geben dem Leser nicht eine Tatsache. Ich teile die Meinung von Claude Hopkins, daß brillante Dichtkunst ein ausgesprochener Nachteil sei, ebenso wie ein einmaliger literarischer Stil. Beide ziehen die Aufmerksamkeit auf sich und vom Subjekt weg.

---

1 Das Foto zeigte verschiedene Flecken – Lippenstift, Kaffee, Schuhpasta, Blut usw. – das Blut war mein eigenes, und ich bin deshalb wohl der einzige Texter, der je für seine Kunden geblutet hat.

6. *Vermeiden Sie es, bombastisch zu sein.*
Der berühmte Slogan von Raymond Rubicam für
Squibb, »kostenlose Zugabe bei jedem unserer Produkte ist unsere Ehre und Aufrichtigkeit«, erinnert
mich immer an den Ratschlag meines Vaters: »Wenn
eine Gesellschaft sich nicht genug tun kann über ihre
Ehrlichkeit oder eine Frau über ihre Jungfräulichkeit,
so gehe der ersteren aus dem Weg und pflege die
letztere.«

7. *Wenn nicht ein besonderer Grund zur Feierlichkeit vorliegt, so schreiben Sie Ihre Texte in der Sprache, die Ihre
Kunden im alltäglichen Leben sprechen.*
Leider ist es mir nie gelungen, ein Sprachgefühl für
den amerikanischen Slang zu bekommen, aber ich
bewundere Texter, die sich dieser Sprache bedienen
können, wie zum Beispiel in dieser unveröffentlich-
ten Perle von einem Almhirten:

Carnation Milk is the best in the land,
Here I sit with a can in my hand.
No tits to pull, no hay to pitch,
Just punch a hole in the son-of-a-bitch.[1]

Es ist grundfalsch, sich einer schwülstigen Sprache zu
bedienen, wenn man nicht sehr gebildete Menschen
ansprechen will. Ich verwendete einmal das Wort
»obsolete« (veraltet, altmodisch) in einer Überschrift

1 Das Gedicht erzählt von einem Almhirten, der mit einer Dose Carnation Milk
dasitzt und darüber nachdenkt, daß er eigentlich nichts zu tun hat, er braucht kein
Euter zu melken und kein Heu zu streuen, er braucht lediglich ein Loch in die Dose
zu bohren.

und mußte feststellen, daß 43 Prozent der Hausfrauen keine Ahnung hatten, was dieses Wort bedeutete. In einer anderen Schlagzeile kam das Wort »ineffable« vor, und in diesem Falle wußte ich nicht, was es bedeutete. Wie dem auch sei, sicher irren sich viele Texter meines Schlags, wenn sie den Bildungsgrad der Bevölkerung unterschätzen. Philip Hauser, Vorstand des Soziologischen Instituts an der Universität Chicago, lenkt unsere Aufmerksamkeit auf die Veränderungen, die in der Bevölkerung dauernd vor sich gehen:

Man kann annehmen, daß die stets wachsende Schuldbildung auch ihre Auswirkung auf den Stil der Werbung haben wird. Botschaften, die sich an den Durchschnittsamerikaner richten und annehmen, daß es sich dabei um einen Menschen von sehr dürftiger Bildung handelt, werden eine stets abnehmende und allmählich verschwindende Zahl von Menschen ansprechen.[1]

Ich empfehle allen Textern, Dr. Rudolph Fleschs Buch *Art of Plain Talk* (Die Kunst der einfachen Rede) zu lesen. Das bringt sie vielleicht dazu, sich kurzer Worte zu bedienen, einfacher Sätze, kurzer Absätze, um so einen sehr persönlichen, menschlichen Stil zu entwickeln.

Aldous Huxley, der auch einmal versuchte, eine Anzeige zu schreiben, kam zu der Erkenntnis, daß »jeder Hauch von literarischem Bemühen sich negativ

---

1 Scientific American (Oktober 1962).

auf den Erfolg der Anzeige auswirkt. Wer Anzeigen schreibt, darf nicht lyrisch sein oder irgendwie verträumt oder in den Wolken schwebend. Er muß allgemeinverständlich schreiben. Eine gute Anzeige muß ebenso wie ein Drama oder ein Oratorium sofort verständlich sein und muß unmittelbar ansprechen.[1]

8. *Widerstehen Sie der Versuchung, Texte zu schreiben, die möglicherweise Preise gewinnen.*
Ich bin immer sehr glücklich, wenn ich einen Preis gewinne. Aber die meisten Kampagnen, die wirkliche Erfolge am Markt haben, gewinnen nie Preise, ganz einfach deshalb, weil sie die Aufmerksamkeit nicht auf sich selbst lenken.
Die Juroren, die die Preise vergeben, werden nie hinlänglich über den Erfolg jener Anzeigen informiert, über die sie urteilen sollen. Und da sie solche Informationen nicht haben, verlassen sie sich auf ihre eigene Meinung, die immer ziemlich intellektuell und etwas überspannt ist.

9. *Gute Texter werden der Versuchung, zu unterhalten, Widerstand leisten.*
Ihr Verdienst liegt darin, möglichst viele neue Produkte erfolgreich auf den Markt zu bringen. Claude Hopkins allerdings ist eine Klasse für sich. Er ist für

---

1 *Essays Old and New* (Harper & Brothers, 1927). Charles Lamb und Byron schrieben auch Anzeigen, ebenso Bernard Shaw, Hemingway, Marquand, Sherwood Anderson und Faulkner – alle jedoch ohne den geringsten Erfolg.

die Werbung das, was Escoffier für das Kochen bedeutet. Gemessen an unseren heutigen Maßstäben, war Hopkins ein skrupelloser Barbar, aber er beherrschte brillant die Technik seines Faches. Als nächsten möchte ich Raymond Rubicam nennen, George Cecil und James Webb Young. Sie alle hatten nicht den unbarmherzigen Geschäftssinn von Hopkins, aber dafür waren sie aufrichtiger, vielseitiger, und sie brachten es auch zuwege, wenn nötig, ganz seriöse Texte zu schreiben. Dann darf man auch nicht John Caples vergessen, den Spezialisten für Postversandwerbung, von dem ich sehr viel lernen konnte.

Diese großen Männer ihres Faches schrieben ihre Anzeigen für Zeitungen und Zeitschriften. Es ist heute noch zu früh, den besten Texter für Fernsehspots zu nominieren.

VII

Wie werden Anzeigen
und Plakate gestaltet?

Anzeigen

Die meisten Texter denken nur in Worten und verwenden nur
wenig Zeit darauf, über die Illustrationen nachzudenken. Nun ist
es aber so, daß die Illustration oft mehr Platz einnimmt als der
Text und deshalb einen zumindest ebenso großen Beitrag zum
Verkauf des Produktes leisten sollte. Die Illustration muß dasselbe
Versprechen telegrafieren wie die Überschrift.
Doyle, Dane & Bernbach haben ein einmaliges Genie für die
Illustration ihrer Anzeigen. Die Fotos, die sie für die Volkswagen-
Werbung verwenden, sind eine Klasse für sich.
Bei den Illustrationen ist es ebenfalls wichtiger, was sie darstellen,
als die Technik, in der die Bilder präsentiert werden. Wie in allen
anderen Gebieten der Werbung ist auch hier die Substanz wichti-
ger als die Form.
Wenn Sie eine großartige Idee für ein Foto haben, so brauchen Sie
kein Genie zu sein, um den Auslöser abzudrücken, und wenn Sie
keine einmalige Idee haben, so kann Ihnen nicht einmal Irving
Penn helfen.
Dr. Gallup hat festgestellt, daß Fotos, die von Fotoclubs prämiert
werden und wohlüberlegt, raffiniert angelegt und herrlich kom-
poniert sind, für Anzeigen gänzlich ungeeignet sind. Nur Fotos,
die die Aufmerksamkeit und die Neugierde des Lesers erwecken,

sind brauchbar. Er schaut auf das Foto und fragt sich selbst: »Was geht hier vor?« Und dann liest er Ihren Text. So wird die Falle aufgestellt.

Harold Rudolph bezeichnet dieses wunderbare Element in der Werbung als »story appeal« und weist nach, daß mehr Leute Ihre Anzeige aufmerksam betrachten, je mehr von diesem »story appeal« darin enthalten ist. Diese Erkenntnis hat eine nachhaltige Wirkung auf die Kampagnen, die meine Agentur produziert.

Als uns die Aufgabe übertragen worden war, Hathaways Debüt in der gesamtamerikanischen Werbung über die Bühne zu bringen, nahm ich mir vor, eine Kampagne zu entwerfen, die besser sein müßte als Young & Rubicams historische Kampagne für Arrow-Hemden. Aber Hathaway hatte nur 30 000 Dollar, und Arrows hatte zwei Millionen. Es mußte also ein Wunder geschehen.

Von Rudolph wußte ich, daß eine gehörige Menge von »story appeal« die Aufmerksamkeit des Lesers erweckt, und so fand ich 18 verschiedene Möglichkeiten, um dieses Zaubermittel in die Kampagne zu bringen. Die achtzehnte war die Augenbinde. Zuerst lehnten wir die Idee ab und wollten eine mehr auf der Hand liegende verwirklichen. Aber auf dem Weg ins Studio machte ich einen Sprung in ein Warenhaus und kaufte eine solche Augenbinde für 1,50 Dollar. Ich werde wohl nie genau wissen, warum diese Augenbinde so außerordentlich erfolgreich war, aber sie brachte Hathaway in die Öffentlichkeit – nach 116 Jahren unbemerkten Dahinvegetierens! Kaum jemals, wenn überhaupt, wurde eine Marke in den ganzen USA so schnell und mit so geringen Kosten bekannt. In Zeitungen und Zeitschriften in aller Welt erschienen Artikel darüber, und viele stahlen diese Idee für ihre eigene Werbung. Allein in Dänemark habe ich fünf solche Nachahmungen gesehen. Was mir zunächst als eine ganz gute

Idee an einem trüben Dienstagmorgen erschien, machte mich berühmt. Ich hätte mir eigentlich gewünscht, daß mein Ruhm auf einer etwas seriöseren Leistung basieren würde.

Im Laufe der Zeit zeigte ich den Mann in verschiedenen Situationen, in denen ich gerne gewesen wäre. Er dirigierte die New Yorker Philharmoniker in der Carnegie Hall, er spielte Oboe, er kopierte ein Gemälde von Goya im Metropolitan-Museum, er fuhr einen Traktor, er baute einen Zaun, er segelte, er kaufte einen Renoir usw. Diese Kampagne lief acht Jahre lang, und dann verkaufte mein Freund Ellerton Jetté die Hathaway-Gesellschaft an einen Finanzmann in Boston, der sie sechs Monate später mit einem Gewinn von einigen Millionen Dollar weiterverkaufte. Ich verdiente an dem ganzen Etat nicht mehr als 6000 Dollar. Wie reich könnte ich sein, wenn ich ein Finanzmann wäre, aber wie schrecklich langweilig wäre das!

Ein anderes Beispiel für »story appeal« war ein Foto, das Elliot Erwitt für unsere Fremdenverkehrskampagne für Puerto Rico aufnahm. Erwitt fotografierte nicht Pablo Casals, wie er Cello spielt, sondern er fotografierte einen leeren Raum, in dem das Cello dieses berühmten Mannes an einen Sessel gelehnt stand. Warum war dieser Raum leer? Wo war Casals? Das waren die Fragen, die sich der Leser unwillkürlich stellte. Er wollte die Antwort im Text finden. Nachdem er den Text gelesen hatte, bestellte er Karten für die Casals-Festspiele in San Juan. Während der ersten sechs Jahre dieser Kampagne stiegen die Einnahmen aus dem Fremdenverkehr von Puerto Rico von 19 Millionen auf 53 Millionen Dollar.

Wenn Sie sich die Mühe machen, für Ihre Anzeigen einmalige Fotos zu verwenden, so werden Sie nicht nur mehr verkaufen, sondern es wird auch Ihr Ansehen in der Öffentlichkeit steigen. Es tröstete mich, als mir Professor J. K. Galbraith, der fürchter-

liche Kritiker der Werbung, schrieb: »Seit Jahren interessiere ich
mich für Fotografie, und seit geraumer Zeit schneide ich mir Ihre
Fotos aus den Zeitungen aus, als Beispiele großartiger Motive und
guter Wiedergaben.«
Die Forschung hat in unzähligen Fällen bewiesen, daß Fotos
mehr verkaufen als Zeichnungen. Fotos sprechen den Leser mehr
an. Sie sind appetitanregend, man erinnert sich besser an sie, und
aufgrund von Fotos werden mehr Kupons ausgeschnitten. Fotos
verkaufen besser. Fotos repräsentieren die Realität, wogegen
Zeichnungen die Phantasie versinnbildlichen und daher weniger
glaubwürdig sind.
Sofort nachdem wir die »Come to Britain«-Werbung übernommen
hatten, ersetzten wir die Zeichnungen, die die frühere Agentur
verwendet hatte, durch Fotos. Die Anzahl der Leser verdreifachte
sich, und in den folgenden zehn Jahren verdreifachten sich auch die
Ausgaben der amerikanischen Touristen in Großbritannien.
Es schmerzt mich, daß ich Ihnen von Zeichnungen abraten muß,
denn ich würde es den Künstlern sehr gönnen, daß sie Aufträge
zu Illustrationen für Anzeigen bekämen. Aber diese Anzeigen
würden nicht verkaufen, der Kunde müßte Bankrott machen,
und dann würden keine Mäzene mehr übrig sein, um die Künstler zu unterstützen. Wenn Sie aber Fotos verwenden, wird sich
das Unternehmen Ihres Kunden so aufwärtsentwickeln, daß Ihr
Kunde Bilder kaufen kann, um diese dann öffentlichen Galerien
zu schenken.
Manche Werbungtreibende illustrierten ihre Anzeigen mit ab-
strakten Zeichnungen. Das würde ich nur dann tun, wenn ich vor
dem Leser verbergen möchte, wofür ich werbe. Die Illustration
muß dem Leser telegrafieren, was Sie zum Kauf anzubieten
haben, und abstrakte Kunst telegrafiert Ihre Nachricht nicht
schnell genug, um in der Werbung verwendet zu werden.

Der einzige Werbungtreibende, der mit nicht gegenständlichen Illustrationen Erfolg hatte, war der verstorbene Walter Paepcke. Die Ausgefallenheit seiner Kampagne für die Container Corporation unterschied diese Gesellschaft offenbar sehr nachhaltig von ihren Konkurrenten; aber eine Schwalbe macht noch keinen Sommer. Meiden Sie ausgefallene Werbung, wenn Sie sich an ganz gewöhnliche Menschen wenden.

Davor- und Danach-Fotos scheinen die Leser zu faszinieren und Ihr Anliegen besser an den Mann zu bringen als Worte. Dasselbe gilt für die Aufforderung an den Leser, Unterschiede zwischen zwei ähnlichen Fotos festzustellen. Wenn Sie Zweifel haben, welche von zwei Illustrationen Sie verwenden sollen, so testen Sie ihre Verkaufskraft, indem Sie beide in einer Zeitung nacheinander einschalten. Wir bedienten uns dieser Methode, um die Diskussion, ob die KLM-Anzeigen durch Fotos von Flugzeugen oder Fotos von Bestimmungsorten illustriert werden sollten, zu beenden. Die letzteren brachten zweimal so viele Kupons als die Flugzeugfotos. Und deshalb werden jetzt alle KLM-Anzeigen mit Fotos von den Bestimmungsorten illustriert.

Als ich noch für Dr. Gallup arbeitete, konnte ich nachweisen, daß Kinobesucher an Schauspielern ihres eigenen Geschlechts mehr Interesse hatten als an Schauspielern des anderen Geschlechts. Natürlich gibt es da einige Ausnahmen. Gewisse Sexbomben gefallen natürlich den männlichen Kinobesuchern. Und die lesbischen Stars gefallen den Männern nicht. Aber ganz allgemein gesprochen interessieren sich die Menschen mehr für Filmstars, mit denen sie sich identifizieren können. Genauso gehören die Personen in den Träumen der Menschen in der Mehrheit der Fälle dem eigenen Geschlecht an. Dr. Calvin Hall berichtet, daß das Verhältnis zwischen männlichen und weiblichen Personen in den Träumen eines Mannes im Verhältnis

1,7:1 ist. Das könnte sich als ein allgemein gültiges Phänomen
erweisen.[1]
Ich konnte dieselbe Reaktion bei den Konsumenten bezüglich
meiner Anzeigen feststellen. Wenn Sie eine Frau im Bild zeigen,
so werden Männer Ihre Anzeige nicht beachten. Wenn Sie das
Foto eines Mannes zeigen, schließen Sie Frauen aus. Wenn Sie die
Aufmerksamkeit von Frauen erregen wollen, zeigen Sie am besten das Foto eines Babys. Die Forschung beweist, daß Babys
beinahe doppelt so große Aufmerksamkeit erregen wie Fotos von
Familien. Als Baby standen Sie im Mittelpunkt aller Augen. Aber
als Sie dann ein gewöhnliches Familienmitglied wurden, erregten
Sie keine besondere Aufmerksamkeit mehr.
Im Zusammenhang mit Babys gibt es allerdings sehr oft Schwierigkeiten, denn die meisten Kunden wehren sich dagegen, Babys
in ihrer Wohnung zu zeigen; Babys sind ja etwas so Kleines, und
sie wollen doch die ganze »liebe Familie« zeigen.
Eine der erfreulichsten Aufgaben in der Werbung ist es sicher,
hübsche Mädchen für Anzeigen und Fernsehspots auszusuchen.
Ich pflegte mir diese Arbeit immer selbst vorzubehalten, habe es
dann aber doch aufgegeben, als ich feststellen mußte, daß mein
Geschmack nicht unbedingt mit dem der weiblichen Konsumenten übereinstimmte. Männer mögen nun einmal nicht dieselbe
Art von Mädchen wie Frauen.
Anzeigen bleiben durchschnittlich zweimal so lange im Ge-
dächtnis haften, wenn Sie sich farbiger Illustrationen bedienen.
Gehen Sie historischen Motiven aus dem Wege. Diese sind nur
für die Whisky-Werbung von einigem Nutzen.
Zeigen Sie keine stark vergrößerten Nahaufnahmen von Gesich-
tern. Der Leser wird dadurch abgeschreckt. Gestalten Sie Ihre

---

1 Dr. Halls Analyse von 3874 Träumen.

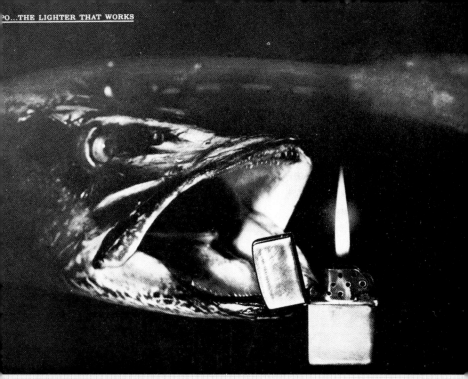

THE FISH THAT SNAPPED UP THE ZIPPO LIGHTER WAS A GREAT NORTHERN PIKE, ONE OF AMERICA'S SCRAPPIEST GAME FISH.

The amazing story of a Zippo that worked after being taken from the belly of a fish

arry Best, recently retired fish and game tor for the New York State Conservation tment, told this remarkable but true story Zippo man:

party, just west of Cleveland on Oneida was fishing for Great Northern Pike ree Mile Bay. They caught a Pike that ed about 18 pounds. When they dressed ke, in the stomach was one of your lighters.

The Pike must have picked it off the bottom or could have grabbed it before it got to the bottom. The lighter was in fine shape which showed that it had not been lost long. The best part of it was that the Zippo lit the first time."

Even for a fisherman, it's quite a yarn. But then there are thousands of other Zippo lighters which have lived through adventures that would have made brave Ulysses' hair stand on end.

The Zippo man is not surprised that the lighter worked. He makes every one of his lighters to work. Not just for weeks, months or years, but *forever!*

Whether you buy your Zippo lighter in a store or find it in a fish, the Zippo man offers you his same incredible guarantee: No matter how old it is or what its condition, if a Zippo ever fails to work, *he'll fix it free!*

of Zippo five popular gns. $5.00

New Zippo Slim-Lighter. Same dependable action, polished chrome. $4.75

Regular Zippo. Made Zippo famous. Brush-finish chrome. $3.50

Gold-filled Zippo. 10-kt. gold fused to case, not plated. $20.00*

Engine-turned Zippo. Smart new design in polished chrome. $5.75

New Zippo Slim-Lighter, Ribbon design, gleaming chrome finish. $6.00.

If you don't see Zippo on the bottom of the lighter, it's not a genuine Zippo.

10% Retail Excise Tax · ZIPPO MANUFACTURING COMPANY, BRADFORD, PA. IN CANADA: ZIPPO MANUFACTURING COMPANY, CANADA LTD., NIAGARA FALLS, ONTARIO

Ein Beispiel für redaktionelle Gestaltung einer Anzeige. Klar und einfach, kein Durcheinander, keine handgeschriebenen Wörter, keine Symbole.

The man in the Hathaway shirt

CANADIAN MEN are beginning to realize that it is ridiculous to buy good suits and then spoil the effect by wearing an ordinary, mass-produced shirt. Hence the growing popularity of HATHAWAY shirts, which are in a class by themselves.

HATHAWAY shirts now infinitely longer—a matter of years. They make you look younger and more distinguished, because of the subtle way HATHAWAY cut their collars.

The whole shirt is tailored more generously, and is therefore more comfortable. The tails are longer, and stay in your trousers. Even the single-needle stitching has an ante-bellum elegance about it.

Above all, HATHAWAY make their shirts of remarkable fabrics, collected from the four corners of the earth.

Broadcloth and Lawns from England, voile and wooden taffeta from Scotland, Sea Island cotton from the West Indies, hand-woven madras from India, oxfords and hand-blocked silks from England,

exclusive cottons from the best weavers in North America.

You will get a great deal of quiet satisfaction out of wearing shirts which are in such impeccable taste.

HATHAWAY shirts are made by a small company of dedicated craftsmen in the little town of Prescott, Ontario.

At better stores everywhere, or write WELLINGTON-HATHAWAY, Ltd., Prescott, for the name of your nearest store. Price: from $5.95 to $25.00.

The Gun is a $2,000 Purdey from England
(The shirt: A Sylex, Sea Island Cotton from Hathaway)

THIS Sea Island cotton is astounding stuff—with fibres three times longer than those of ordinary cottons. It is described in the advertisements as "soft as swansdown, light-as-a-satin, absorbent as wool, durable as linen." It is grown in St. Vincent, Antigua, St. Kitts, Montserrat, Nevis and Barbados.

There it travels. Between being picked in the balmy Caribbean sunshine, and its final apotheosis as a shirt by HATHAWAY of Canada, this nonsuch among cottons has been to England and back.

The Sylex Sea Island yarn is spun with loving care by Thomas Oliver & Sons, then woven on the looms of Ashton Brothers—two of the finest mills in England. Notice the extraordinary sheen. You

can almost feel its downy so

all the HATHAWAY hallmark single-needle stitching, impe

Price: $15 in colors and w that keep up the great tradi

For the name of the store write WELLINGTON-HATHA Prescott, Ontario.

Diese Augenklappe – eine recht brauchbare Idee eines naßkalten Dienstag morgens – machte mich berühmt. Ich hätte es lieber gesehen, mein Ruhm wäre nicht lediglich einem »Einfall«, sondern ernsthaften Überlegungen entsprungen.

Hathaway revives the <u>striped</u> tartan

"I HAD not known that tartans were ever made in *stripes*, until I visited Drummond Castle, and there saw striped tartans dating back to the 18th century."

So wrote the head of Hathaway from Scotland early this year.

Fired by his discovery, he immediately bicycled over to the town of Auchterarder, there to closet himself with James White, the great Scottish weaver.

Out of that conference came a striped

tartan in the great tradition. Woven into a magnificent new kind of *winter cotton*—lightweight but cozy. Just the ticket for any man who likes a comfortable shirt for cold weather but doesn't like wool.

It comes in no less than fifty-two striped tartans and other designs. Each shirt is identified by the famous red **H** for Hathaway at the gusset on the tail. For store names, write C.F. Hathaway, Waterville, Maine. In New York, call OX 7-5566.

AMAZING PHOT

When our photograph take this picture, he f Wrangell playing brie very minute, the Baro dealt thirteen spades— rare that it happens o 635,013,559,596 hands.

How to get your money back at Sears

Just ask for it! When Sears, Roebuck and Co. says:
Satisfaction guaranteed or your money back, there are no
ifs, ands, or buts about it. Read how Sears backs up
its famous promise. Not sometimes, but *all the time.*

We guarantee satisfaction and safe delivery on everything you order. These words first appeared in a mail-order catalog 63 years ago. They were written by Richard Sears—a young Chicago merchant who built a giant business by giving his customers a fair shake for their money. Today, Sears, Roebuck and Co. still faithfully observes its promise: Satisfaction guaranteed or your money back.

How Sears keeps its promise

How can Sears *afford* to back up this ironclad guarantee? By making certain that customer dissatisfaction is almost as rare as a blizzard in July.

FIRST: Sears buyers work closely with suppliers to develop and manufacture the items that Sears carries. These suppliers respect Sears' high standards. They know they are sure of large and regular orders as long as Sears standards are met. The supplier benefits. Sears benefits. And you benefit.

SECOND: Sears maintains the world's largest private laboratory for testing merchandise. Its staff of scientists tests over 20,000 items a year. They develop new products. Improve old ones. They compare Sears merchandise with similar items sold by others.

This laboratory has absolute veto power over any item that does not meet its high standards.

THIRD: Sears never takes quality for granted. Even after an item has been okayed by the laboratory, Sears keeps tabs on it to make sure its quality never varies. For example, when a manufacturer ships merchandise, Sears pulls samples from the order for inspection. If a flaw is spotted, the defective merchandise is sent back to the manufacturer.

That rare exception

Sears does everything humanly possible to prevent a slipup. But they happen from time to time. Suppose one happened to you.

Just bring it back to Sears and explain what's the matter. You'll find out that Sears *means* it when it says: *Satisfaction guaranteed or your money back.*

It really happened at a Sears store in Hartford. The Sears salesman took one look at that expression and handed the youngster a brand-new softball. Satisfaction guaranteed or your money back.

...Sears-Roebuck-Umsatz beträgt inzwischen ca. 5 Milliarden Dollar jährlich und liegt ...it höher als die Umsätze der zehn danach folgenden Warenhäuser mit Filialen zusammen.

...rozent der Amerikaner versorgen sich inzwischen bei Sears Roebuck. Unsere Kampagne ...ht sich vor allem darauf, den Service und die Gepflogenheiten dieses Unternehmens bekannt zu machen, nicht aber die Ware als solche anzupreisen.

In text, Eldon Nordtvanen (left) and Charles Peters, at the Sears Service Center in Phoenix, are typical of Sears' 8,000 servicemen.

How Sears restores your faith in service on home appliances

...ing service on appliances is one of the ...sumer's biggest headaches today. Read ...Sears, Roebuck and Co. gives **efficient** ...ice on the Sears appliances you buy.

ALL the modern work-savers make life a dream. *Just as long as they stay on the job.*

But may be you've sometimes lost faith in this brave new mechanical world. When your TV set went on the blink again, just after it was fixed. Or your freezer failed, and you couldn't get service for days. Or you needed spare parts for the washer, and found them out of stock.

Such frustrating things do happen. Whether your home appliances are a torture or a blessing depends on *service.*

That's why Sears has taken steps to give you the kind of complete, dependable service you have every right to expect. Here are the three ways Sears does it.

First, through merciless testing in the famous Sears laboratory. Thoroughly proved appliances are less likely to break down in the first place.

Second, by always keeping replacement parts on hand

for the Sears appliances or mechanical items you buy—during that reasonable life expectancy.

Third, by providing 1,000 Sears service units across the country. Prompt and efficient service by a Sears repair specialist is available, at reasonable cost, in every town that has a Sears retail store or catalog sales office.

All this costs Sears a packet of money, but it pays dividends—by making people like you loyal customers.

Today at 9 a.m. Morgan Guaranty returns to the most famous address in banking—23 Wall

Today's move is a homecoming for many of the people at Morgan Guaranty.

They will be returning to the building in our photograph—at 23 Wall. This address, in the heart of New York's financial district, has been part of the bank's history for over ninety years.

Some Morgan Guaranty people have spent more than half of their working lives here—and they could tell you some interesting things about the place. Here are a few:

1. Banks were designed to be impregnable when this building was built—back in 1914. Those blocks you see are three feet thick.

2. J. Pierpont Morgan himself took a hand in the building's design. Much of the architectural detailing is his.

He even selected the marble. Pink marble—from the quarries of Tennessee.

3. The building has had a variety of names. The *Wall Street Journal* christened it "the house on the corner." Most people in the financial community call it "the Corner." But the best known name is the number: 23 Wall.

4. At high noon on September 16, 1920—a horse and wagon pulled up on the north side of Wall Street, just across from the bank. The driver climbed down from his perch and disappeared into the crowd. A few seconds later, the wagon exploded like a warehouse full of TNT. The roar shattered the calm of the corner and sent debris rocketing across the street. The bank was slammed with flying wood, rock and rusty iron. You can still see the scars.

5. Five years ago, when J. P. Morgan & Co. merged with Guaranty Trust, most of the Morgan people moved in with the Guaranty people at 140 Broadway. But there just wasn't room for everybody.

To get the whole family under one roof, the bank decided to move back into 23 Wall and the 38-story building that adjoins it on two sides. Both buildings have been renovated. Combined floor space: twelve acres. Plenty of room for everybody.

Morgan Guaranty will continue its banking offices in the midtown and uptown areas—Fifth Avenue and 44th Street, 40 Rockefeller Plaza, 60th and Madison.

But today, the news is at 23 Wall. Homecomings don't happen every day.

Morgan Guaranty Trust Company of New York • MAIN OFFICE 23 Wall Street, New York 10015 • (phone: HA 5-2323)
MIDTOWN OFFICES 5th Ave. at 44th St., New York 10036 • Madison Ave. at 60th St., New York 10021 • 40 Rockefeller Plaza, New York 10020 • (phone: MUrray Hill 2-1200) • CABLE ADDRESS Morgan
Member Federal Deposit Insurance Corporation

Ogilvy, Benson & Mather ist auf dem Werbesektor das, was Morgan im Bankwesen darstellt: nicht das Größte, aber das Beste. – (So hoffe ich zumindest.)

Illustration so einfach wie möglich, und rücken Sie eine Person in den Mittelpunkt des Interesses. Menschenansammlungen ziehen nicht.

Vermeiden Sie stets wiederkehrende Situationen, zum Beispiel süß lächelnde Hausfrauen, die höchst albern auf einen offenen Kühlschrank zeigen.

Wenn Sie Schwierigkeiten mit Illustrationen haben, so kann Ihnen vielleicht folgender Reim von Nutzen sein:

> When the client moans and sighs,
> Make his logo twice the size.
> If he still should prove refractory,
> Show a picture of the factory.
> Only in gravest cases
> Should you show the clients' faces.[1]

Manchmal ist es tatsächlich ganz gut, den Firmennamen oder das Markenzeichen doppelt so groß zu setzen, denn es kommt bei vielen Anzeigen vor, daß sie nicht sofort mit dem Produkt identifiziert werden.

Auch der Rat, das Gesicht des Kunden zu zeigen, ist gar nicht so dumm, wie es zunächst den Anschein haben mag, denn der Konsument hat sicher mehr Interesse an Menschen als an Firmen. Einige Kunden, wie zum Beispiel Helena Rubinstein oder Commander Whitehead, sind ja wirklich menschliche Symbole für ihre eigenen Produkte geworden.

Ein Bild der Fabrik zu zeigen ist allerdings immer schlecht, es sei denn, daß die Fabrik verkauft werden soll.

---

1 Das Gedicht sagt etwa folgendes: »Wenn der Kunde stöhnt und seufzt, so zeigen Sie ein Markenzeichen in doppelter Größe. Wenn er dann noch immer widerspenstig ist, so zeigen Sie ein Bild seiner Fabrik. Aber nur in den schlimmsten Fällen zeigen Sie das Gesicht des Kunden.«

Viele Kunstschulen, die unbefangene Studenten für die Werbung vorbereiten sollen, glauben noch immer an die Lehre der Bauhaus-Schule, derzufolge der Erfolg einer Anzeige vom »Gleichgewicht«, von der »Bewegung«, vom »Entwurf« abhängt. Aber können Sie das beweisen?

Meine Forschung besagt, daß solche unbestimmten ästhetischen Prinzipien keinen Einfluß auf die Umsatzsteigerung haben, und ich kann nun einmal diese alte Schule der Art Directors, die solchen Humbug ernst nimmt, nicht ausstehen.

Können Sie sich meinen Schrecken vorstellen, als deren höchstes Kardinalskollegium, der sehr ehrenwerte Club der Art Directors Henry Luce, Frank Stanton, Henry Ford und mir Preise verlieh, als Anerkennung dafür, daß wir es den Art Directors ermöglicht haben, in einer besonders angenehmen Atmosphäre zu arbeiten? Sie wußten natürlich nicht, daß ich diesen Art Directors den Krieg erklärt hatte, dieser bösen Seuche, die die Werbekampagnen impotent werden läßt.

Ich reiche unsere Layouts jetzt der Art-Directors-Vereinigung gar nicht mehr ein, ganz einfach, weil ich fürchte, daß eines von ihnen einen Preis bekommen könnte. Deren Götter sind weiß Gott nicht die meinen. Ich habe meinen eigenen Glauben, und der beruht auf der Beobachtung des menschlichen Verhaltens, wie Dr. Gallup, Dr. Starch und die Fachleute der Postversandhäuser es aufzeichnen.

Entwerfen Sie Ihr Layout immer speziell für die Zeitung oder Zeitschrift, in der es erscheinen soll, und geben Sie nie Ihre Zustimmung zu einem Layout, bevor Sie es nicht in dieser betreffenden Zeitschrift einmontiert gesehen haben. Der beinahe allgemein beschrittene Weg, Layouts sozusagen im luftleeren Raum, schön aufgezogen auf grauem Karton und mit Cellophan bedeckt, zu beurteilen, führt nur allzuoft zu gefährlichen Irrtümern.

Ein Layout muß in einem Verhältnis stehen zu dem graphischen Klima der Zeitung oder der Zeitschrift, in der die Anzeige erscheinen soll.

Ein junger und unerfahrener Kunde sagte neulich zu mir: »Sobald ich Ihre Layouts auf meinem Schwarzen Brett aufgesteckt sah, wußte ich sofort, welches davon das beste wäre.« Schwarze Bretter sind allerdings nicht die Umgebung, in der der Leser die Anzeige sieht.

Anzeigen brauchen durchaus nicht wie Anzeigen auszusehen. Wenn Sie ihnen das Aussehen einer redaktionellen Seite geben, so werden Sie ungefähr 50 Prozent mehr Leser haben. Wenn Sie nun vermuten, daß die Öffentlichkeit diesen Trick ablehnt, so muß ich Ihnen sagen, daß es dafür eigentlich keinen Beweis gibt. Unsere Zippo-Anzeigen waren in demselben einfachen und unkomplizierten Stil aufgebaut, den die *Life*-Redakteure bevorzugen. Keine Kniffe, kein Wirrwarr, keine kunstvolle Schrift, die nur dekorativen Zwecken dient, keine handgeschriebenen Wörter, keine Markenzeichen, keine Symbole. (Markenzeichen und Symbole waren in früherer Zeit sehr wertvoll, denn so konnten selbst Analphabeten Ihre Anzeige erkennen. Aber das Analphabetentum ist in den Vereinigten Staaten nunmehr verschwunden, und Sie können sich ruhig darauf verlassen, daß man gedruckte Wörter versteht.)

Die Redakteure von Illustrierten kamen dahinter, daß die Menschen lieber den erklärenden Text unter einer Fotografie lesen als einen Artikel. Dasselbe gilt auch für Anzeigen. Bei der Analyse der Starch-Daten über Anzeigen in *Life* stellten wir fest, daß durchschnittlich zweimal so viele Menschen Bildunterschriften lesen wie den übrigen Text einer Anzeige. Diese Bildunterschriften sichern Ihnen daher die doppelte Leserschaft gegenüber dem gewöhnlichen Text. Das heißt, daß Sie niemals ein Foto verwenden sollten, ohne darunter einen erklärenden Text zu setzen, und jede dieser Unterschriften sollte eine Anzeige im kleinen sein, mit Markennamen und Versprechen.

Wenn Ihr Text nicht mehr als 170 Wörter ausmacht, sollten Sie ihn gleich als Bildunterschrift unter das Foto setzen, wie wir es zum Beispiel in unseren Anzeigen für Tetley Tea getan haben. Wenn Sie aber sehr langen Text brauchen, gibt es verschiedene Möglichkeiten, um Ihre Leserschaft zu erhöhen:

1. Ein hervorgehobener Zwischentitel von zwei oder drei Zeilen zwischen der Überschrift und dem Haupttext erhöht den Appetit des Lesers auf das, was kommt.

2. Wenn Sie Ihren Text mit einem stark vergrößerten Anfangsbuchstaben beginnen, werden Sie 13 Prozent mehr Leser gewinnen.

3. Ihr erster Absatz sollte nicht mehr als elf Wörter haben. Ein langer erster Absatz vertreibt die Leser. Überhaupt sollten alle Absätze so kurz wie möglich sein, denn lange Absätze wirken ermüdend.

4. Nach 5 oder 6 cm Text setzen Sie die erste Zwischenüberschrift, und dann soll eine nach der anderen folgen. Das läßt die Aufmerksamkeit des Lesers nie erlahmen. Einige von diesen Zwischentiteln sollen Fragen sein, um die Neugierde des Lesers zu erwekken. Das raffinierte Einstreuen von Zwischentiteln bringt selbst dem flüchtigen Betrachter einer Anzeige die ganze Aussage zur Kenntnis, selbst wenn er zu faul ist, den kompletten Text zu lesen.

5. Setzen Sie Ihren Text so, daß nicht mehr als 40 Lettern in einer Spalte stehen. Die Lesegewohnheiten der meisten Menschen basieren auf dem Zeitungle-

sen, und in den Zeitungen ist eine Spalte ungefähr 26 Lettern breit. Je breiter die Spalte, desto weniger Leser.

6. Lettern, die kleiner sind als neun Punkt, sind für die meisten Menschen schwierig zu lesen. Dieses Buch zum Beispiel ist in 10,5/13 Punkt abgesetzt.

7. Antiqua ist leichter zu lesen als Groteskschrift, eine Tatsache, die die Bauhaus-Leute auch nicht wissen.

8. Als ich noch ein kleiner Junge war, war es modern, die Texter zu zwingen, jeden Absatz rechteckig zu machen. Seither wurde allerdings entdeckt, daß verschieden lange Zeilen die Leserschaft erhöhen, mit Ausnahme am Ende eines Absatzes, wo es zu leicht passieren könnte, daß man eine angefangene Zeile übersieht.

9. Bekämpfen Sie die Eintönigkeit eines langen Textes dadurch, daß Sie wichtige Absätze fett drucken oder in Kursivschrift setzen.

10. Streuen Sie von Zeit zu Zeit Illustrationen ein.

11. Erleichtern Sie dem Leser das Eindringen in Ihre Absätze durch Pfeile, kleine Punkte, kleine Sternchen und andere Satzauszeichnungen.

12. Wenn Sie viele nicht zusammenhängende Tatsachen beschreiben müssen, versuchen Sie erst gar nicht, sie durch schwerfällige Verbindungsversuche in Zusammenhang zu bringen, sondern numerieren Sie sie einfach, so wie ich es hier tue.

13. Setzen Sie Ihre Texte nie negativ (weiße Buchstaben auf schwarzem Grund), und setzen Sie sie nie auf einen grauen oder farbigen Hintergrund. Die alte Schule der Art Directors glaubte, daß durch diese

Kniffe die Menschen geradezu gezwungen werden, den Text zu lesen. Wir wissen heute, daß das Lesen dadurch physisch einfach ganz unmöglich wird.

14. Wenn Sie zwischen den Absätzen einen großen Durchschuß frei lassen, erhöhen Sie die Leserzahl um 12 Prozent. Je mehr typographische Veränderungen Sie in Ihre Überschrift aufnehmen, um so weniger Menschen werden sie lesen. In unserer Agentur wird die Überschrift in gleichen Lettern gesetzt, in der gleichen Größe, in der gleichen Stärke.

15. Setzen Sie Ihre Überschrift, und natürlich auch die ganze andere Anzeige, in Groß- und Kleinbuchstaben. GROSSBUCHSTABEN SIND SCHWER ZU LESEN, WAHRSCHEINLICH WEIL WIR NICHT DARAN GEWÖHNT SIND. Alle Bücher, Zeitungen und Zeitschriften sind in Groß- und Kleinbuchstaben geschrieben und nicht nur in Großbuchstaben.

16. Verunstalten Sie Ihre Illustration nie, indem Sie die Überschrift über das Bild setzen. Altmodische Art Directors neigen sehr dazu, dies zu tun, aber der Aufmerksamkeitswert einer Anzeige wird dadurch um durchschnittlich 19 Prozent verringert. Zeitungsredakteure tun es nie, und ich empfehle Ihnen ganz im allgemeinen, das zu tun, was die Redakteure tun, denn die Lesegewohnheiten unserer Kunden werden von den Redakteuren gebildet.

17. Wenn Ihre Anzeige einen Kupon enthält und Sie möglichst viele Einsendungen haben wollen, so setzen Sie diesen Kupon oben in die Mitte der Anzeige. Dadurch wird das Layout zwar häßlich, aber Sie werden 80 Prozent mehr Einsendungen haben, als

wenn Sie den Kupon rechts unten in der Anzeige plazieren (nicht einer unter 100 Werbeleuten weiß das).

H. L. Mencken sagte einmal, daß noch niemand deswegen Bankrott gemacht hätte, weil er den Geschmack der Amerikaner unterschätzte. Das ist nicht wahr. Ich bin davon überzeugt, daß es sich lohnt, wenn man Ihren Layouts den guten Geschmack anmerkt, vorausgesetzt natürlich, daß sie nicht aufdringlich sind. Ein häßliches Layout läßt auf ein häßliches Produkt schließen. Es gibt nur sehr wenige Produkte, die nicht daraus Nutzen zogen, daß sie einen Fahrschein erster Klasse auf ihrer Reise zum Konsumenten mitbekamen. In einer sozial in Bewegung befindlichen Gesellschaft wollen die Menschen kein Produkt verwenden, das ihre Freunde als zweitklassig ansehen.

Plakate

Vor nicht allzu langer Zeit wurde mir eine geradezu rührende Ehrung für eines unserer Plakate zuteil. Es war ein Brief eines Pastors der äthiopischen Baptistenkirche in Kalifornien:

> Sehr geehrter Herr Ogilvy!
> Ich führe eine kleine Kirchengemeinde, die sich damit befaßt, Gottes Wort entlang der Autobahnen in Kalifornien zu verbreiten. Wir bedienen uns dabei vieler Plakate und haben große Schwierigkeiten wegen der hohen Gestaltungskosten. Ich sah das Plakat für Schweppes, das mit dem bärtigen Mann, der seine Arme ausgebreitet hat.

Bitte teilen Sie mir mit, ob Sie mir das Foto überlassen
können, wenn Sie es nicht mehr brauchen. Wir würden dann »Jesus rettet« darauf drucken und es entlang
der Autobahnen in Kalifornien plakatieren. So würde
Gottes Wort verbreitet.

Wenn das Gesicht meines Kunden mit dem des Gottessohnes
identisch wäre, so würden wir keinen einzigen Pfennig mehr für
Werbung aufzuwenden brauchen und sämtliche Baptisten würden zu Schweppes bekehrt werden. Meine Phantasie schlug
Wellen. Nur die Angst, meine Provision zu verlieren, veranlaßte
mich, dem guten Pastor mitzuteilen, daß Commander Whitehead für diese heilige Rolle nicht zu haben sei.

Ich konnte Plakate nie leiden. Der vorüberflitzende Automobi-
list hat nicht die Zeit, mehr als sechs Wörter auf dem Plakat zu
lesen, und meine früheste Erfahrung als Vertreter lehrte mich,
daß es unmöglich ist, mit nur sechs Wörtern irgend etwas zu
verkaufen. In einer Zeitung oder in einem Magazin kann ich für
eine Anzeige Hunderte von Wörtern verwenden. Plakate sind
für »Slogan Fans«. In meinem Privatleben liebe ich die Land-
schaft. Ich habe noch nie eine gesehen, die durch Plakatwände
verschönert worden wäre. Es scheint mir besonders nieder-
trächtig zu sein, wenn die Menschen in die Natur, wo jeder Blick
Freude bereiten kann, Plakatwände setzen. Wenn ich mich von
Madison Avenue zurückziehen werde, so will ich einen Ge-
heimbund maskierter Wächter gründen. Diese Wächter sollen
auf leisen Motorrollern über die ganze Welt fahren und im fahlen
Mondlicht Plakate von den Wänden reißen. Wie viele Richter
würden uns verurteilen, wenn wir bei diesem Akt wohltätiger
Bürgerpflicht ertappt würden?

Die Besitzer von Plakatwänden sind skrupellose Protektionsjünger. Sie haben all ihren dunklen Einfluß aufgewendet, um ein Gesetz zu vereiteln, das Plakate entlang der amerikanischen Autobahnen verbietet. Sie führen zu ihrer Verteidigung an, daß die Plakatierungs-Institute Tausende von Arbeitern beschäftigen. Das tun Bordelle ja auch.

Wie dem auch sei, Plakate gibt es nun einmal, und früher oder später werden Sie den Auftrag bekommen, ein solches zu entwerfen. Wohlan denn.

Versuchen Sie, Ihr Plakat zu einem Ereignis zu machen. Zu einem visuellen Skandal, wie Savignac es nennt. Wenn Sie auf den Skandal allerdings zuviel Wert legen, so wird es zu Verkehrsstörungen kommen, und Sie werden die Ursache schwerer Verkehrsunfälle sein. In Europa ist es modern, amerikanische Plakate als »gewöhnlich« zu kritisieren. Niemand behauptet, daß amerikanische Plakate in ästhetischer Hinsicht mit den Plakaten von Cassandre, Leupin, Savignac und McKnight Kauffer konkurrieren können, aber so leid es mir tut, es besteht Ursache zur Annahme, daß der harte amerikanische Stil die Botschaft schneller vermittelt und bessere Erinnerungswerte zeigt als die wesentlich vornehmeren Entwürfe der europäischen Künstler.

Während des Zweiten Weltkrieges beauftragte die kanadische Regierung meinen damaligen Boß, Dr. George Gallup, die Wirkung verschiedener in die engere Wahl gezogener Plakate zu messen. Dr. Gallup stellte fest, daß Plakate mit realen Darstellungen oder Fotografien bei den meisten Leuten am besten ankamen. Abstrakte oder symbolische Entwürfe brachten ihre Botschaft nicht schnell genug an den Mann.

Ihr Plakat sollte das Verkaufsversprechen Ihres Produktes nicht nur in Worten, sondern auch bildlich ausdrücken, und nur eine Handvoll Werbeleute haben die Begabung, das zuwege zu bringen. Ich gehöre nicht dazu.

Wenn sich Ihr Plakat an Autofahrer wendet – Sie
Schlingel, Sie –, so muß die Arbeit in fünf Sekunden
getan sein. Die Forschung beweist, daß Ihre Botschaft
schneller aufgenommen wird, wenn Sie kräftige,
reine Farben verwenden. Keine Mischfarben bitte!
Verwenden Sie nie mehr als drei Elemente in einem
Plakat, und setzen Sie diese gegen einen weißen Hintergrund. Vor allem aber verwenden Sie die größtmöglichen Buchstaben, in Groteskschrift, und sorgen
Sie dafür, daß Ihr Markenname auf den ersten Blick
erkennbar ist. Das ist nur selten der Fall.

Wenn Sie diese einfachen Ratschläge befolgen, so werden Sie
Plakate schaffen, die ihre Aufgabe erfüllen. Ich muß Sie allerdings
darauf aufmerksam machen, daß Sie bei den Kennern zeitgenössischer Kunst nicht gerade beliebt sein werden. Ja, es kann sogar
passieren, daß Sie als »Banause« angeprangert werden.

VIII

Wie macht man
einen guten Fernsehspot?

Die wenigen Sekunden eines Fernsehspots«, sagt Stanhope Shelton[1], »passen in eine kleine Schachtel mit dem Durchmesser von 3 bis 4 Zentimeter, und doch enthält diese kleine Schachtel dann die intensive, einige Wochen lange Arbeit von 30 Leuten, und sie kann Gewinn oder Verlust bedeuten.«

Ich kam dahinter, daß es einfacher ist, die Verkaufskraft eines Fernsehspots zu verdoppeln, als die Zahl der Zuschauer eines Fernsehprogramms. Das mag für die Hollywoodgrößen etwas überraschend klingen, da sie doch uns unscheinbare Texter, die Werbespots schreiben, nur sehr von oben herab betrachten.

Der Zweck eines Spots liegt sicher nicht darin, den Zuschauer zu unterhalten, sondern ihm etwas zu verkaufen. Horace Schwerin stellt fest, daß es keinen Zusammenhang gibt zwischen der Tatsache, daß Menschen einen Fernsehspot »mögen«, und daß dieser Spot ihnen dann auch etwas verkauft. Aber das bedeutet keineswegs, daß Ihr Fernsehspot absichtlich schlechte Manieren haben soll. Wir haben, ganz im Gegenteil, allen Grund anzunehmen, daß es sich lohnt, einen Spot menschlich und freundlich zu machen, soweit dies möglich ist, ohne dabei aufdringlich salbungsvoll zu sein.

In den Anfangsstadien des Fernsehens beging ich den Fehler,

---

1 Creative Director von Mather & Crowther Ltd., London.

mich zu sehr auf den Text zu verlassen. Ich war zu sehr an das Radio gewöhnt. Heute weiß ich, daß im Fernsehen die Bilder die Geschichte erzählen müssen, und es ist wichtiger, was Sie zeigen, als was Sie sagen. Der Text und die Bilder müssen zusammenwirken und sich so gegenseitig unterstützen. Die einzige Funktion des Textes ist die Erklärung der Bilder.

Dr. Gallup hat festgestellt, daß der Betrachter etwas, was Sie ihm nur sagen, ohne es auch zu zeigen, sofort wieder vergißt. Somit ist es ganz sinnlos, etwas zu sagen, ohne es auch zu zeigen. Versuchen Sie einmal, Ihren Spot mit abgedrehtem Ton anzusehen. Wenn er dann nicht verkauft, so ist er wertlos.

Die meisten Spots verwirren den Betrachter, indem sie einen ganzen Wasserfall von Wörtern auf ihn loslassen. Ich rate Ihnen, sich auf 90 Wörter in der Minute zu beschränken.

Es ist sicher richtig, daß man in einem Fernsehspot mehr Verkaufsargumente an den Mann bringen kann als in einer gedruckten Anzeige. Aber die wirkungsvollsten Spots sind doch auf einem oder zwei ganz klaren Argumenten aufgebaut. Ein Kunterbunt von vielen Argumenten läßt den Betrachter gänzlich kalt. Das ist der Grund, warum Spots nie von einem Komitee geplant werden sollten. Für Kompromisse ist kein Platz in der Werbung. Was immer Sie tun, tun Sie es ganz oder gar nicht.

Im Falle der Werbung in Tageszeitungen oder Zeitschriften müssen Sie als erstes die Aufmerksamkeit des Lesers erwecken. Im Fernsehen hingegen ist der Betrachter schon aufmerksam, und Ihre Aufgabe ist es, ihn nicht abzuschrecken. Es ist absolut tödlich, den Zuschauer darauf aufmerksam zu machen, daß er jetzt »ein paar freundliche Worte von der Firma Soundso« hören wird. Die Blase des Zuschauers wird sofort darauf reagieren, genauso wie der Hund von Pawlow auf den Klang der Glocke, und er wird hinausgehen.

Der Zweck eines Fernsehspots liegt doch darin, die Verkaufsbotschaft so zu übermitteln, daß der Zuschauer sich beim nächsten Einkauf daran erinnert. Ich rate Ihnen daher, Ihr Versprechen wenigstens zweimal in jedem Spot zu wiederholen, es zu demonstrieren und es außerdem noch als Titel oder Überblendung schriftlich festzuhalten.

Der arme Teufel von einem Konsumenten ist heute durchschnittlich ungefähr 10 000 Spots im Jahr ausgesetzt. Setzen Sie alles daran, daß er sich an das Produkt erinnert, für das Ihr Spot wirbt. Wiederholen Sie den Namen immer wieder. Zeigen Sie ihn zumindest einmal auch geschrieben, und zeigen Sie auch die Packung, an die sich der Käufer im Geschäft erinnern soll. Machen Sie Ihr Produkt zum Helden des Spots. So wie wir es mit unserem berühmten Spot für Maxwell-House-Kaffee taten – nur eine Kaffeekanne und eine Tasse Kaffee – »köstlich bis zum letzten Tropfen«. (Ich habe diesen Slogan nicht erfunden; Theodore Roosevelt tat es.)

In der Fernsehwerbung haben Sie genau 58 Sekunden für das Verkaufen, und Ihr Kunde zahlt 500 Dollar für eine Sekunde. Verschwenden Sie keine Zeit mit nebensächlichen Einleitungen, verkaufen Sie vom ersten Kader Ihres Spots, und hören Sie nicht auf damit bis zum letzten.

Für Produkte, die am besten durch Demonstration verkauft werden, zum Beispiel Kochzutaten, Make-up, Schnupfenmittel usw., ist das Fernsehen sicher das wertvollste Werbemedium. Der Erfolg dieses Werbemittels hängt allerdings mehr als bei irgendeinem anderen von Ihrer Fähigkeit ab, die Demonstration glaubhaft zu gestalten. Die Anklagen der Bundeshandelskommission (Federal Trade Commission) hat das amerikanische Volk sehr hellhörig gegenüber Tricks und Blendwerk gemacht.

Dr. Gallup ist eine wahre Fundgrube für nützliche Informationen

darüber, wie die Menschen auf die verschiedenen Spots reagieren.
Er sagt uns, daß die Spots, die damit beginnen, ein Problem
aufzuzeigen, dann das Produkt hereinbringen, um das Problem
zu lösen, und dann die Lösung durch Demonstration beweisen,
viermal soviel verkaufen wie Spots, die lediglich von einem Produkt alles Gute und Schöne sagen.

Dr. Gallup sagt auch, daß Spots, die Aktualitäten und Neuigkei-
ten enthalten, besonders wirkungsvoll sind. Sie sollten deshalb
jeden Tropfen Neuigkeitswert aus dem verfügbaren Material für
Ihren Spot herauspressen. Manchmal allerdings ist absolut keine
Neuigkeit enthalten. Ihr Produkt ist seit Generationen auf dem
Markt, es gibt keine bemerkenswerte Verbesserung, oder das
Produkt kann in keiner Weise zur Lösung des Problems empfohlen werden. Manche Produkte eignen sich überhaupt nicht zur
Demonstration. Was tun Sie dann? Geben Sie auf? Nicht unbedingt! Es gibt eine andere Zauberformel, die Berge versetzen
kann. Gefühl und Stimmung! Es ist sehr schwierig, Gefühl und
Stimmung anzuwenden, ohne dabei lächerlich zu werden. Aber
es wurde mit ganz außerordentlichem Erfolg in Europa prakti-
ziert, vor allen Dingen von Mather & Crowther in den Spots für
Players-Zigaretten.

Der Durchschnittskonsument sieht heute 900 Spots im Monat,
und die meisten bleiben ebensowenig im Gedächtnis haften wie
Wasser am Rücken einer Ente. Sie sollten deshalb Ihrem Spot
immer einen einmaligen Akzent geben, eine Note, die im Gedächtnis des Betrachters hängenbleibt. Aber seien Sie dabei sehr
vorsichtig, denn es kann leicht passieren, daß der Betrachter sich
an Ihre besondere Note erinnert, darüber aber Ihren Verkaufsap-
pell vergißt.

Eines Morgens um zwei Uhr wachte ich nach unruhigem Schlaf
auf und hatte solch eine besondere Note im Kopf. Ich schrieb sie

auf: Der Spot für Pepperidge Farm sollte damit beginnen, daß
Titus Moody mit seinem pferdebespannten Bäckerwagen auf
einer Landstraße dahinfährt. Das war eine gute Idee.

Singen Sie Ihre Verkaufsargumente nicht. Verkaufen ist eine
ernste Angelegenheit. Wie würden Sie reagieren, wenn Sie in ein
Warenhaus gingen, um dort eine Bratpfanne zu kaufen, und der
Verkäufer Ihnen ein Werbelied vorträllert?

Um der Wahrheit die Ehre zu geben, muß ich zugeben, daß ich
keine wirklich stichhaltigen Forschungsergebnisse habe, um
meine Meinung, daß Lieder weniger wirkungsvoll sind als das
gesprochene Wort, zu untermauern. Meine Meinung basiert
hauptsächlich auf der Tatsache, daß es für mich immer schwer ist,
den Text von Werbeliedern zu verstehen, und auf meiner Erfahrung als Vertreter, der von Tür zu Tür ging. Ich habe meinen
Kunden nie etwas vorgesungen. Die Werbungtreibenden, die an
die Kraft von Werbeliedern glauben, mußten sicher nie selbst
etwas verkaufen.

Mein Vorurteil wird nicht von allen meinen Partnern geteilt.
Wenn ich auf Urlaub gehe, so gelingt es ihnen manchmal, in einen
Etat solch ein Werbelied einzuschmuggeln, und zumindest eines
ihrer Werbelieder hat Erfolg. Aber die Ausnahme bestätigt die
Regel.[1]

Die Leinwand im Kino ist groß genug für Massenszenen und
Aufnahmen aus weiter Entfernung. Aber der Fernsehschirm ist
ganz einfach zu klein für »Ben Hur«. Ich rate Ihnen daher, nur
extreme Nahaufnahmen in Fernsehspots zu verwenden. Vermeiden Sie abgedroschene Szenen – begeisterte Trinker, entzückte

---

1 Nachdem ich diesen Abschnitt geschrieben hatte, wurden mir die Testergebnisse
über zwei Spots einer berühmten Margarine vorgelegt. Die Spots waren absolut
gleich, nur war bei dem einen der Text gesprochen und beim anderen gesungen.
Die gesprochene Version war dreimal so erfolgreich wie die gesungene.

Esser, Familien, die das glückliche Beisammensein vorführen, und alle diese anderen Klischees von Old Madison Avenue. Sie steigern sicher nicht das Interesse des Konsumenten an Ihrem Produkt.

IX

Wie wirbt man erfolgreich für Lebensmittel, Reiseziele und Arzneien?

Die meisten Gebote in diesem Buch und die Forschungen, auf denen sie beruhen, haben mit Werbung im allgemeinen zu tun. Aber jedes Produkt hat natürlich seine speziellen Probleme. Wenn Sie für ein Waschmittel werben, so müssen Sie zum Beispiel entscheiden, ob Sie versprechen wollen, daß Ihr Produkt weißer wäscht oder sauberer oder strahlender. Wenn Sie für Whisky Werbung machen, so müssen Sie sich darüber klarwerden, wie stark Sie die Flasche herausstellen wollen. Bei Deodorants fällt die Entscheidung zwischen geruchtötend und trockenhaltend.

Lebensmittel

Die Lebensmittelwerbung hat viele spezielle Probleme. Wie kann zum Beispiel eine Speise in Schwarzweiß auf dem Fernsehschirm appetitanregend aussehen? Kann man durch Worte einen Leser davon überzeugen, daß eine Speise gut schmeckt? Wie wichtig ist das Versprechen eines hohen Nährwertes? Ich habe mich bemüht, durch Forschung Antworten auf diese Frage zu bekommen. Was ich bisher darüber weiß, kann in 22 Geboten zusammengefaßt werden:

Gedruckte Werbung

1. Bauen Sie Ihre Anzeige »appetitanregend« auf.
2. Je größer die Abbildung der Speise, desto stärker spricht sie den Appetit an.
3. Zeigen Sie keine Menschen in Anzeigen für Lebensmittel. Sie nehmen nur Platz weg, der besser für die Speisen selbst verwendet werden könnte.
4. Verwenden Sie Farben. Speisen sehen in Farbe viel appetitlicher aus als in Schwarzweiß.
5. Verwenden Sie Fotos. Sie regen den Appetit stärker an als Zeichnungen.
6. Ein Foto ist besser als zwei oder mehrere. Wenn Sie mehrere Fotos verwenden müssen, so lassen Sie eines dominieren.
7. Bringen Sie, so oft Sie nur können, ein Rezept. Die Hausfrau versucht immer, ihre Familie auf neue Weise zu erfreuen.
8. Plazieren Sie das Rezept nicht irgendwo im Text. Stellen Sie es heraus, klar und deutlich.
9. Illustrieren Sie das Rezept durch Ihr Hauptfoto.
10. Überdrucken Sie das Rezept nicht mit einer Tonplatte. Weit mehr Frauen werden es lesen, wenn Sie es auf rein weißem Papier drucken.
11. Bringen Sie möglichst eine Neuigkeit in Ihrer Anzeige. Etwas über ein neues Produkt, über die Verbesserung eines schon bekannten Produktes oder eine neue Verwendungsmöglichkeit für ein altes Produkt.
12. Sagen Sie in Ihrer Überschrift konkret etwas aus, und bleiben Sie nicht allgemein.

13. Der Markenname muß in der Schlagzeile enthalten sein.
14. Plazieren Sie die Überschrift unter dem Foto.
15. Zeigen Sie die Verpackung an auffälliger Stelle, aber achten Sie darauf, daß diese nicht die Wirkung des Appetitfotos beeinträchtigt.
16. Seien Sie sachlich. Verwenden Sie keine humorvollen oder phantastischen Formulierungen. Tun Sie nicht besonders gescheit in Ihrer Schlagzeile. Für die meisten Frauen ist die Versorgung der Familie eine sehr ernste Angelegenheit.

Fernsehen

17. Zeigen Sie, wie ein Produkt gekocht wird.
18. Bedienen Sie sich des Problem-Lösung-Rezepts, so oft Sie nur können, vorausgesetzt, daß es nicht allzuweit hergeholt wirkt.
19. Berichten Sie wenn irgendwie möglich über etwas Neues, und sagen Sie es laut und deutlich.
20. Zeigen Sie Ihr Produkt im Spot so früh wie möglich.
21. Setzen Sie niemals den Ton um seiner selbst willen ein. Bedienen Sie sich nur dann eines musikalischen Effektes, wenn es das Produkt verlangt – das Brutzeln eines Steaks oder das Krachen von Corn-flakes.
22. Spots müssen verkaufen. Lassen Sie der Unterhaltung nie die Oberhand.

Fremdenverkehrswerbung

Auf Grund meiner Erfahrung in der Werbung für die British Travel & Holidays Association, für Puerto Rico und die Vereinigten Staaten weiß ich, was erfolgreiche Fremdenverkehrswerbung ausmacht. Diese Erfahrung kann in folgenden Punkten zusammengefaßt werden:

1. Fremdenverkehrswerbung hat einen gewissen Einfluß auf die Vorstellung, die man sich von dem betreffenden Land überhaupt macht, und es ist deshalb wichtig, daß dieser Einfluß positiv ist. Wenn Sie für ein Land schöne Inserate erscheinen lassen, so werden die Menschen glauben, daß es ein schönes Land sei.
2. Touristen reisen nicht Tausende von Meilen, um Dinge zu sehen, die sie in ihrer nächsten Nachbarschaft auch sehen. So werden zum Beispiel die Schweizer sicher nicht 5000 Meilen reisen, um die Berge in Colorado zu sehen. Stellen Sie also das in Ihrer Werbung heraus, was für Ihr Land einmalig ist.
3. Ihre Werbung sollte beim Leser einen unverwischbaren Eindruck hinterlassen. Der Zeitraum zwischen dem Lesen einer Anzeige und dem Kauf einer Fahrkarte ist wahrscheinlich sehr lang.
4. Ihre Anzeige erscheint in Zeitschriften, die von Menschen gelesen werden, die sich eine lange Reise leisten können. Das sind gebildete Menschen, und Sie sollten deren Intelligenz nicht beleidigen. Schreiben Sie in der Sprache der Erwachsenen, und verwenden Sie keine konventionellen Klischees, wie es in der Fremdenverkehrswerbung so oft geschieht.

5. Das größte Hindernis im internationalen Reiseverkehr sind sicher die Kosten. Ihre Anzeige sollte dazu beitragen, dem Leser das Gefühl zu geben, daß es sinnvoll ist, in dieses Land zu fahren. Dies geschieht am besten, indem Sie auf die Kultur besonderes Gewicht legen und auf den Prestigegewinn, der mit einer solchen Reise verbunden ist.

6. Die Reiseziele sind sehr der Mode unterworfen. Ihre Anzeige sollte also betonen, daß »man« heutzutage in Ihr Land fährt. Der Modetrend hat einen geradezu magischen Einfluß auf den Fremdenverkehr.

7. Die Menschen träumen immer von Orten, die weit entfernt sind. Ihre Anzeige sollte diese Träume Wahrheit werden lassen, indem sie potentille Energie in kinetische Energie, also Energie der Bewegung, umwandelt. Das geht am besten, wenn Sie dem Leser genaue Ratschläge erteilen, wie es gemacht wird. Eine Kombination zwischen Fotos, die den Mund wäßrig machen, und genauen Informationen brachte uns die besten Ergebnisse für Großbritannien, Amerika und Puerto Rico.

8. Vermeiden Sie es, ausgefallene Reiseziele anzubieten. Das mag für Ihre Auftraggeber, die den Werbefeldzug bezahlen, von Interesse sein, aber der ausländische Tourist, der angesprochen werden soll, sucht immer wieder die berühmten Orte. Zum Beispiel zeigt die Forschung, daß der amerikanische Tourist in Großbritannien weit mehr an Westminster Abbey und strohgedeckten Häusern auf dem Land interessiert ist als an Sothebys oder an den Aldeburgh-Festspielen. Und aus demselben Grund hat der Engländer, der

nach Amerika kommt, wesentlich mehr Interesse an Manhattan und dem Grand Canyon als an Martha's Vineyard oder Dunkards.

9. Faktoren, die für die amerikanischen Touristen besonders wichtig sind, sind interessante Städte, schöne Landschaften, historische Stätten und freundliche Menschen. Was sie am wenigsten interessiert, ist Sport und Nachtleben. Überrascht war ich darüber, wie wenig Amerikaner oder auch Europäer sich etwas aus gutem Essen machen.

Arzneimittel

Die Werbung für Arzneimittel ist eine besondere Kunst. Hier führe ich in aller Kürze die Grundsätze an, die dabei beachtet werden sollen:[1]

1. Eine gute Anzeige für Arzneimittel weist auf jeden Fall auf den »wesentlichen Unterschied hin, der zwischen Ihrer Marke und der Konkurrenz besteht«.

2. Eine gute Anzeige für Arzneimittel enthält eine Neuigkeit. Diese Neuigkeit kann ein neues Produkt sein, die neue Anwendung eines bereits bestehenden Produktes, ein neues wissenschaftliches Ergebnis, ein neuer Name.

3. Eine gute Anzeige für Arzneimittel muß viel Verständnis und Seriosität ausstrahlen. Krankheiten sind

---

1 Ich muß Louis Redmond in diesem Zusammenhang herzlich für die Hilfe danken, die er mir gewährte.

kein Spaß für den, der unter ihnen leidet, und er schätzt es sehr, wenn man sein Leiden ernst nimmt.

4. Eine gute Anzeige für Arzneimittel muß eine gewisse Autorität ausstrahlen. Ein Arzt-Patient-Verhältnis spielt im Text für eine solche Anzeige eine große Rolle, nicht nur für das Verhältnis Käufer–Verkäufer.

5. Die Anzeige sollte nicht nur die Vorteile Ihres Produkts darlegen, sondern sie sollte sich mit der Krankheit selbst befassen. Der Kranke soll, wenn er die Anzeige liest, das Gefühl haben, daß er nun etwas über sein Leiden erfährt.

6. Seien Sie nicht grausam. Ein leidender Mensch ist dankbar, wenn er das Gefühl hat, daß ihm jemand helfen will. Und dieses Gefühl trägt zur Wirkung des Produkts, das Sie verkaufen, bei.

X

Wie klettert man
die Leiter des Erfolges hinauf?

(Ein Rat für junge Mitarbeiter)

Einer meiner irischen Vorfahren trat in die Dienste der John Company und fand den Baum mit den goldenen Äpfeln. Mit anderen Worten, er schuf sich ein Vermögen. Nun bin ich in derselben Lage und verbringe meine Zeit damit, eben diesen Baum in Madison Avenue zu schütteln. Wollen Sie wissen, wie das gemacht wird?

Ich beobachtete während der letzten 14 Jahre den Werdegang meiner eigenen Mitarbeiter und konnte so ein Schema entwikkeln, welches sicher zum Ziele führt.

Zunächst einmal müssen Sie ehrgeizig sein. Aber nicht so rücksichtslos, daß Ihre Kollegen sich zusammentun, um Sie zugrunde zu richten. Man sagt: »Jeder Soldat hat den Marschallstab im Tornister.« Das stimmt; aber lassen Sie ihn nicht herausschauen. Wenn Sie sofort nach der Harvard Business School in eine Werbeagentur eintreten, so halten Sie Ihren Hochmut etwas zurück und studieren Sie weiter. Nach einem recht anstrengenden Trainingsjahr werden Sie höchstwahrscheinlich Assistent eines Kontakters. Das entspricht so ungefähr der Position eines Oberfähnrichs bei der Marine. Von diesem Augenblick an müssen Sie sich vornehmen, in dem Etat, an dem Sie arbeiten, der Fachmann schlechthin in der Agentur zu werden. Sie müssen alles über dieses Produkt wissen. Wenn es zum Beispiel ein Benzin-Etat ist, so lesen Sie Bücher über Chemie, Geologie und den Verkauf von

Petroleumerzeugnissen. Lesen Sie die Fachpresse, die es in dieser
Branche gibt. Lesen Sie alle Forschungsberichte und Marketing-
Pläne, die Ihre Agentur je über dieses Produkt verfaßt hat. Verbringen Sie Ihren Samstagvormittag an Tankstellen. Verkaufen
Sie Benzin, und sprechen Sie mit den Autofahrern. Besuchen Sie
die Raffinerien und die Forschungslaboratorien Ihres Kunden.
Studieren Sie die Werbung der Konkurrenz. Nach zwei Jahren
werden Sie mehr über Benzin wissen als Ihr Vorgesetzter, und
dann sind Sie vielleicht auch soweit, sein Nachfolger werden zu
können.

Die meisten jungen Leute in den Agenturen sind zu faul, um sich
dieser Mühe zu unterziehen, und bleiben eigentlich immer an der
Oberfläche.

Claude Hopkins meinte, daß er für ein Problem zweimal so lange
brauchte wie andere Texter, aber dafür auch doppelt so erfolgreich war. Eine der besten Agenturen, die im Laufe der letzten
vierzig Jahre emporkamen, verdankt diesen Aufstieg ihrem Gründer, der eine so unglückliche Ehe führte, daß er das Büro kaum
einmal vor Mitternacht verließ. In meiner Junggesellenzeit ging es
mir ähnlich. Wenn Sie Ihre Freizeit lieber damit verbringen,
Rosen zu züchten oder mit Ihren Kindern zu spielen, so ist das
ein sehr sympathischer Zug an Ihnen, aber Sie sollten sich dann
nicht darüber beklagen, wenn Sie nicht schnell Karriere machen.
Es werden immer die Menschen befördert, die am meisten leisten.

Wenn die Menschen in einer Werbeagentur nach der geleisteten
Arbeit bezahlt würden, so erhielten die Drohnen ihre verdiente
Strafe, und die dynamischen Menschen würden noch rascher
Erfolg haben. Als Dr. William B. Shockley die Leistungen der
Wissenschaftler in den Bell-Laboratorien untersuchte, fand er,
daß die Menschen in den besonders schöpferischen Abteilungen

zehnmal so viele Patente einreichten als jene in den nichtschöpfe-
rischen, aber nur um 50 Prozent mehr bezahlt bekamen. Unfair?
Ich glaube schon. Albert Lasker pflegte den weniger produktiven
Textern bei Lord & Thomas 100 Dollar in der Woche zu bezah-
len, aber er bezahlte Claude Hopkins 50 000 Dollar für jede
Million Umsatz, für die er die Texte schrieb. Dieses System war
für alle gewinnbringend. Für Lasker, Hopkins und auch für den
Kunden.

Heute ist es Mode, so zu tun, als sei niemals ein einzelner Mensch
für den Erfolg einer Werbekampagne verantwortlich. Ich halte
dieses Überbewerten des »Teamworks« für Humbug – eine
Verschwörung der Mittelmäßigkeit. Keine Anzeige, kein Fernsehspot und kein Image eines Produktes kann von einem Komitee geschaffen werden. Die meisten Wirtschaftsführer sind sich
im geheimen dieser Tatsache wohl bewußt und schauen unabläs-
sig nach diesen seltenen Vögeln aus, die goldene Eier legen. So
hervorragende Menschen können heute nicht mehr nach dem
Hopkins-System entlohnt werden. Aber sie sind die einzigen in
einer Agentur, die auch in schlechten Zeiten nie von der Kündigung bedroht werden. Sie verdienen wirklich das Geld, das man
ihnen bezahlt.

Häufig werden Sie in einer Agentur sogenannte Routinearbeit zu
erledigen haben. Wenn Sie das gut machen, so werden Sie nach
einiger Zeit Erfolg haben. Aber Ihre einmalige Chance kommt
dann, wenn Sie vor ein großes Problem gestellt werden. Die
Kunst besteht schon darin, diese große Chance zu erkennen.

Vor einigen Jahren beauftragten Lever Brothers ihre sieben Agenturen, Unterlagen über die Fernsehwerbung zur Verfügung zu
stellen, da dieses Werbemittel damals ja noch sehr neu war. Alle
Agenturen reichten recht brauchbares Material ein, so zwischen
fünf und sechs Seiten. Aber ein junger Mitarbeiter in unserer

Agentur machte sich die Mühe, alles verfügbare statistische Material zu sammeln, arbeitete drei Wochen lang beinahe Tag und
Nacht und kam dann mit einer genauen Analyse daher, die
177 Seiten lang war. Seine Kollegen nannten ihn etwas abfällig
einen »von der Arbeit Besessenen«. Aber schon im nächsten Jahr
wurde er Mitglied unseres Vorstandes. Man muß es verstehen,
zur rechten Zeit den richtigen Eindruck zu machen. Die meisten
großen Karrieren beruhen auf solchen »Zufällen«.
Die meisten jungen Leute, die sich heute um eine Anstellung in
Werbeagenturen bewerben, wollen Kontakter werden. Wahrscheinlich, weil man ihnen auf der Schule gesagt hat, daß es eher
ihre Aufgabe im Leben sei, zu verwalten, als einer sehr speziali-
sierten Arbeit nachzugehen. Es ist offenbar ihrer Aufmerksamkeit entgangen, daß die Leiter der größten Agenturen der Welt
alle Spezialisten waren, bevor sie an die Spitze der Unternehmungen gerufen wurden. Vier davon waren Texter, einer war in der
Streuung und einer in der Marktforschung. Einer von ihnen war
Kontakter.
Als Kontakter wird es für Sie schwerer sein aufzufallen denn als
Spezialist, ganz einfach weil ein Kontakter nicht die Chance hat,
sich selbst hervorzutun. Fast alle großen Triumphe, von denen
man spricht, verdankt man Spezialisten. Ich würde deshalb
meinem eigenen Sohn empfehlen, Spezialist zu werden, in der
Streuung, in der Forschung oder im Texten. Die Konkurrenz ist
in diesen Abteilungen weniger groß, aber die Chance, sich über
das alltägliche Niveau zu erheben, viel größer, und er bekäme
dabei ein Wissen, das ihm Sicherheit verleiht, psychologisch wie
auch finanziell.
Vielleicht werden manche junge Menschen von den Reisen und
den Einladungen zum Essen, die nun einmal zur Tätigkeit eines
Kontakters gehören, besonders verlockt. Sie würden gar bald

dahinterkommen, daß das Essen in einem vorzüglichen Restaurant durchaus nicht mehr so gut schmeckt, wenn Sie bei der Nachspeise zum Beispiel die Gründe für einen abnehmenden Marktanteil erklären sollen. Und das Bereisen eines Testmarktgebietes kann grauenvoll sein, wenn eines Ihrer Kinder gerade im Krankenhaus liegt.

Sollte mein Sohn aber meinen Rat nicht befolgen und Kontakter werden, so würde ich ihm folgendes empfehlen:

1. *Früher oder später wird es dir passieren, daß dir ein Kunde davonläuft.*
   Entweder weil er dich persönlich nicht mehr mag, oder weil du ihn enttäuscht hast, oder weil er dir die Schuld für Fehler anderer Abteilungen in der Agentur in die Schuhe schiebt. Wenn dies geschieht, dann verliere nicht den Mut. Ich kenne den Chef einer Agentur, dem während eines Jahres drei Kunden weggegangen sind – er hat es überlebt.

2. *Du kannst wahrscheinlich ohne weiteres damit zurechtkommen, lediglich ein Verbindungsmann zwischen Kunde und der Service-Abteilung der Agentur zu sein.*
   So wie ein Kellner, der zwischen der Küche und dem Kunden im Speisesaal hin- und herläuft. Solch ein Mann trägt den Titel »Kontakter« ganz zu recht, aber er ist nicht das, was im Englischen als »Account Executive« bezeichnet wird. Sicher muß diese Kontakttätigkeit auch erfüllt werden, aber ich hoffe, daß du die Möglichkeiten deines Berufes ganz ausschöpfst. Gute Kontakter (Account Executives) bemühen sich um ein Spezialgebiet. Sie werden Marketing-Fachleute.

3. *Wie angestrengt du auch immer arbeitest und wie klug du auch immer sein magst, du wirst deine Agentur auf einer höheren Ebene der Geschäftsführung deines Kunden nicht vor deinem 35. Lebensjahr vertreten können.*
Einer meiner Partner machte deswegen so schnell Karriere, weil er mit 30 schon eine Glatze hatte, und ein anderer hatte das Glück, mit 40 weiße Haare zu bekommen. Also sei geduldig.

4. *Du wirst nie ein Senior-Kontakter, wenn du nicht gute Präsentationen machen kannst.*
Die meisten Kunden werden große Gesellschaften sein, und du mußt Pläne und Feldzüge an den Werbeausschuß dieser Kunden verkaufen können. Eine gute Präsentation muß gut geschrieben, aber auch gut vorgetragen werden. Wenn du die Arbeit deiner Vorgesetzten studierst und dir Mühe gibst, so wirst du lernen, eine gute Präsentation zu schreiben. Und wenn du den Routiniers auf diesem Gebiet zusiehst, so wirst du lernen, eine Präsentation gut vorzutragen. Die Leute von Nielsen sind besonders geschickt im Präsentieren.

5. *Begehe nicht den sehr häufigen Fehler, deine Kunden als dir feindliche Dummköpfe zu betrachten.*
Freunde dich mit ihnen an, benimm dich so, als gehörtest du zu ihrem Team. Kaufe Aktien deiner Kunden. Versuche dich aus den internen Strömungen deiner Kunden herauszuhalten. Es wäre doch schade, wenn du einen Etat verlierst, nur weil du auf das falsche Pferd gesetzt hast. Bemühe dich, Talleyrand nachzuahmen, der Frankreich unter sieben Regimen diente, und den Vikar von Bray – »Es mag

König sein, wer will, ich werde Vikar von Bray sein, Sir«.

6. *In deinem täglichen Umgang mit deinen Kunden und deinen Kollegen kämpfe für die Könige, die Königinnen und für die Läufer, aber wirf die Bauern ruhig weg.*
Wenn du bei unwichtigen Dingen ehrenvoll unterliegst, so wird man dir keinen Widerstand leisten, wenn du in einer wichtigen Frage hart bleiben mußt.

7. *Hüte dich davor, über die Geschäftsprobleme deiner Kunden im Lift zu sprechen.*
Und halte vertrauliche Dokumente verschlossen. Wenn du einmal den Ruf mangelnder Diskretion hast, so bist du erledigt.

8. *Wenn du einem Texter oder Marktforscher eine Idee vermitteln willst, so tue es mit größtmöglichem Feingefühl und möglichst inoffiziell.*
Wilderer sind in Madison Avenue nicht sehr beliebt.

9. *Wenn du die Größe hast, Irrtümer dem Kunden und auch den Kollegen gegenüber zuzugeben, so wirst du deren Hochachtung gewinnen.*
Ehrlichkeit, Objektivität und Aufrichtigkeit sind eine Conditio sine qua non für Menschen, die in der Werbung Karriere machen wollen.

10. *Bemühe dich, besonders kluge und aufschlußreiche interne Mitteilungen zu schreiben.*
Sei dir stets darüber im klaren, daß deine Vorgesetzten, an die solche Mitteilungen gehen, mehr Sorgen haben und in mehr Probleme verstrickt sind als du. Je länger so ein Memorandum ist, um so weniger wahrscheinlich wird es von denen gelesen, die darüber entscheiden sollen. 1941 schickte Winston Churchill

das folgende Memorandum an den Ersten Lord der Admiralität:

Bitte wollen Sie mir noch heute, auf *nur einer Seite eines Blattes Papier*, darüber berichten, wie die königliche Marine auf die Probleme moderner Kriegführung vorbereitet ist.

Vergiß nie, daß du mehr verdienst als deine Zeitgenossen in anderen Berufssparten. Dafür gibt es drei Gründe: Erstens ist die Nachfrage nach guten Werbeleuten größer als das Angebot, zweitens sind die Sonderzuwendungen in diesem Beruf, wenn auch ansehnlich, kleiner als zum Beispiel bei der Armee oder in mancher Produktionsfirma, und drittens bietet die Werbung weniger Sicherheit als die meisten anderen Berufe. Tue deshalb alles, um die Ausgaben unter deinem Verdienst zu halten, so daß du es dir leisten kannst, auch einige Zeit lang ohne Arbeit dazustehen. Wenn man dir Anteile in deiner Gesellschaft anbietet, so kaufe diese und lege das Geld auch in anderen Richtungen an. Eine Rente der Sozialversicherung ist schmale Kost für einen Mann aus der Werbung, wenn er einmal 65 ist.

Ich kam dahinter, daß die Gestaltung eines Urlaubs sehr viel über die Fähigkeiten eines jungen Mannes enthüllt. Manche vertun diese kostbaren drei Wochen, und manche gewinnen in dieser Zeit mehr als im Rest des Jahres. Ich empfehle folgendes Rezept für erholsame Ferien:

Bleiben Sie nicht zu Hause. Sie brauchen einen Tapetenwechsel.

Nehmen Sie Ihre Frau mit, aber lassen Sie die Kinder beim Nachbarn. Die Kleinen sind nicht die richtige Gesellschaft für Erholung.

Schließen Sie sich gegen alle Einflüsse der Werbung ab. Nehmen Sie die ersten drei Nächte ein Schlafpulver.

Verbringen Sie soviel Zeit wie möglich in frischer Luft und in Bewegung.

Lesen Sie täglich ein Buch. 21 Bücher in drei Wochen. (Ich darf wohl annehmen, daß Sie den Schnell-Lesekurs des »Das-Buch-des-Monats«-Clubs hinter sich gebracht haben und daß Sie somit 1000 Wörter in einer Minute lesen können.)

Erweitern Sie Ihren Horizont, und gehen Sie ins Ausland, auch wenn Sie nicht erster Klasse fahren können. Aber reisen Sie nicht so weit, daß Sie erschöpft und müde zurückkommen.

Die Psychiater sagen, daß jeder ein Hobby haben soll. Das Hobby, das ich Ihnen empfehle, ist die Werbung. Suchen Sie sich ein Gebiet aus, über das Ihre Agentur zu wenig weiß, und bilden Sie sich zu einem Fachmann ersten Grades gerade darin aus. Nehmen Sie sich vor, jedes Jahr zumindest einen guten Artikel zu schreiben, und bringen Sie diesen in der *Harvard Business Review* unter. Lohnende Themen sind: »Der Einfluß der Psychologie auf die Preispolitik im Einzelhandel«, »Neue Wege zur Festsetzung des optimalen Werbebudgets«, »Wie Politiker sich der Werbung bedienen«, »Warum verwenden internationale Werbungtreibende nicht dieselben Kampagnen auf der ganzen Welt?«, »Die Relation zwischen Reichweite und Häufigkeit in der Mediaplanung«. Wenn Sie einmal ein anerkannter Fachmann in einem dieser schwierigen Themen geworden sind, dann ist mir um Sie nicht mehr bange.

Zusammenfassend möchte ich sagen: Bemühen Sie sich um ein Ziel, aber seien Sie vorsichtig in der Auswahl dieses Zieles. Wie sagt doch Sophie Tucker: »Ich war arm, und ich war reich. Glaube mir, mein Kind, reich ist besser.«

XI

Sollte man Werbung abschaffen?

Vor nicht allzu langer Zeit versuchte mich Lady Hendy, meine ältere Schwester, die eine begeisterte Sozialistin ist, davon zu überzeugen, daß Werbung abgeschafft werden sollte. Es war für mich sehr schwierig, mich mit diesem drohenden Vorschlag zu beschäftigen, da ich weder Wirtschaftswissenschaftler noch Philosoph bin. Zu guter Letzt gelang es mir aber zu beweisen, daß die Ansichten in diesem Punkt zumindest geteilt wären.

Der verstorbene Aneurin Bevan glaubte, daß die Werbung vom Übel sei. Arnold Toynbee (von Winchester und Balliol) kann sich »keine Situation vorstellen, in der Werbung nicht ein Übel darstellt«. Professor Galbraith von der Harvard-Universität meint, daß die Werbung die Menschen dazu verführe, Geld für unnötige Wünsche auszugeben, das sie besser für öffentliche Zwecke aufwenden sollten.

Aber es wäre falsch anzunehmen, daß jeder Liberale die Ansicht von Bevan-Toynbee-Galbraith teile. Präsident Franklin D. Roosevelt zum Beispiel meinte:

> Wenn ich mein Leben noch einmal beginnen könnte, so glaube ich, daß ich der Werbung gegenüber jedem anderen Beruf den Vorzug gäbe . . .

Die allgemeine Zunahme des Lebensstandards in allen Bevölke-
rungsschichten innerhalb der letzten fünfzig Jahre wäre ohne
Werbung unmöglich gewesen; hat diese doch dazu beigetragen,
das Wissen um einen höheren Lebensstandard zu verbreiten.
Sir Winston Churchill stimmt mit Mr. Roosevelt überein:

> Die Werbung ist der Nährboden für den Konsum der
> Menschheit. Sie zeigt dem Menschen eine bessere
> Wohnung als sein Ziel, bessere Bekleidung, bessere
> Ernährung für sich und seine Familie. Das spornt
> jeden einzelnen zu größeren Leistungen an.

Fast alle ernst zu nehmenden Wirtschaftstheoretiker aller politischen Richtungen stimmen darin überein, daß die Werbung eine
nützliche Aufgabe erfüllt, wenn sie Informationen über neue Produkte liefert. So sagt zum Beispiel der Russe Anastas L. Mikoyan:

> Es ist die Aufgabe der Werbung in der Sowjetunion,
> den Menschen genaue Informationen über die zum
> Kauf angebotenen Waren zu geben, dazu beizutra-
> gen, neue Bedürfnisse zu wecken, den Geschmack zu
> kultivieren und den Verkauf von neuen Produkten zu
> fördern, gleichzeitig aber den Konsumenten den Ge-
> brauch dieser neuen Waren zu erklären. Die wichtig-
> ste Aufgabe der sowjetischen Werbung ist eine wahr-
> heitsgetreue, exakte und interessante Beschreibung
> der Produkte, für die geworben wird.

Alfred Marshall, der Wirtschaftler der viktorianischen Zeit, erkennt auch die Vorzüge informativer Werbung für neue Produkte
an, verurteilt aber das, was er »streitbare« Werbung nennt, als

Verschwendung. Walter Taplin von der London School of Economics weist darauf hin, daß Marshalls Analyse der Werbung »auch jenes Vorurteil und jene gefühlsbetonte Haltung der Werbung gegenüber aufweist, von der offenbar niemand gänzlich frei ist, nicht einmal die klassischen Wirtschaftswissenschaftler«. Offenbar war Marshall wirklich ein ziemlich zimperlicher Mensch. Sein berühmtester Schüler, Maynard Keynes, beschrieb ihn einmal als einen »äußerst ungereimten« Menschen. Was Marshall über die Werbung schrieb, wurde von vielen späteren Nationalökonomen übernommen. Es wurde allgemein üblich zu sagen, daß »aggressive« oder »überredende« Werbung eine wirtschaftliche Verschwendung darstelle. Ist sie das wirklich?

Ich meine, daß die Werbung, wenn sie über Tatsachen informiert, und das wird ja von den Herren Professoren gutgeheißen, wesentlich stärkere Auswirkungen auf die Verkaufsziffern hat als die aggressive oder überredende Werbung, die diese Herren verurteilen. Kommerzieller Egoismus und akademische Tugend gehen hier durchaus Hand in Hand.

Wenn alle Werbungtreibenden diese großspurige Marktschreierei aufgeben wollten und sich nur noch dieser Art von Werbung bedienen möchten, wie ich sie für Rolls-Royce, KLM und Shell anwandte, einer Werbung nämlich, die Tatsachen vermittelt und informiert, so würden die Werbungtreibenden nicht nur ihre Umsätze erhöhen, sondern sie würden auch in das Reich der Engel aufgenommen werden. Je informativer Ihre Werbung ist, um so weniger werden Sie es nötig haben zu überreden, dann werden Sie nämlich überzeugen.

Kürzlich stellte Hill & Knowlton verschiedenen meinungsbildenden Persönlichkeiten die Frage: »Sollten die Werbungtreibenden nur Tatsachen anführen und nichts als Tatsachen?« Die Pro-Stimmen waren auffallend hoch:

Religionsführer	76 Prozent
Redakteure von	
anspruchsvollen Zeitschriften	74 Prozent
Leiter von Mittelschulen	74 Prozent
Nationalökonomen	73 Prozent
Soziologen	62 Prozent
Regierungsbeamte	45 Prozent
Dekane	33 Prozent
Wirtschaftsführer	23 Prozent

Wir sehen also, daß die Werbung, die Tatsachen vermittelt, in weiten Kreisen positiv beurteilt wird. Wenn aber überredende Werbung für eine alte Marke beurteilt werden soll, dann folgt die Mehrheit der Nationalökonomen dem Beispiel Marshalls und verurteilt diese Werbung. Rexford Tugwell, der meine immerwährende Bewunderung erwarb, weil er der Schöpfer der wirtschaftlichen Renaissance von Puerto Rico ist, verurteilt auch »die enorme Verschwendung, die beim Versuch, die Umsätze einer Firma auf eine andere umzulenken, entsteht«. Dasselbe Dogma kommt von Stuart Chase:

> Die Werbung veranlaßt die Menschen, nicht mehr Mogg-Seife, sondern Bogg-Seife zu kaufen. Neun Zehntel und mehr der Werbung sind nichts anderes als ein Streiten über die relativen Vorzüge zweier voneinander kaum verschiedener und oft auch nicht unterscheidbarer Waren.

Pigou, Braithwaite, Baster, Warne, Fairchild, Morgan, Boulding und andere Nationalökonomen sagen im wesentlichen dasselbe. Manche von ihnen verwenden sogar dieselben Worte, nur daß sie

Mogg & Bogg dem Stuart Chase überlassen und dafür Eureka & Excelsior, Tweedledum & Tweedledee, Bumpo & Bango sagen. Wenn Sie einen von ihnen lesen, so kennen Sie alle. Ich möchte diesen sehr ehrenwerten Herren ein Geheimnis verraten. Die aggressive, überredende Werbung, die sie so sehr verurteilen, ist nicht annähernd so gewinnbringend wie die informative Werbung, die sie gutheißen. Aufgrund meiner Erfahrung weiß ich, daß es für die Werbung relativ einfach ist, Konsumenten dazu zu bringen, ein neues Produkt zu versuchen. Aber sie sind beinahe taub für die Werbung von bereits seit langem auf dem Markt befindlichen Produkten.

Wir bringen also aus einem Dollar Werbeaufwendung für ein neues Produkt mehr heraus als aus einem Dollar Werbung für ein altes Produkt. Auch hier gehen akademische Tugend und kommerzieller Egoismus zusammen.

Steigert Werbung die Preise?

Zu viele unerfreuliche Streitigkeiten befaßten sich mit dieser schwierigen Frage, und nur wenige ernsthafte Studien liegen über die Auswirkung der Werbung auf die Preise vor. Wie dem auch sei, Professor Neil Borden von der Harvard-Universität hat Hunderte von Fällen untersucht und kam mit Hilfe von fünf anderen Professoren zu Ergebnissen, die ruhig auch von anderen akademischen Lehrern studiert werden sollten, bevor sie gegen die Werbung zu Felde ziehen. Zum Beispiel »in vielen Industrien ermöglicht das starke Wachstum, das zum Teil auf die Werbung zurückzuführen ist, eine Senkung der Produktionskosten« oder »der Aufbau eines Marktes durch die Werbung und andere verkaufsfördernde Maßnahmen ermöglichen nicht nur den gro-

ßen Firmen Preisreduktionen, sondern bieten auch die Möglichkeit, Handelsmarken zu entwickeln, die üblicherweise zu nied-
rigeren Preisen verkauft werden«. Und so ist es auch. Wenn ich
einmal tot bin, so wird man in meinem Herzen nicht Calais
finden, wie Mary Tudor es für sich prophezeite, sondern Handelsmarken.

Die Handelsmarken sind unsere natürlichen Feinde. 20 Prozent
des Gemischtwarenhandels fallen heute auf Handelsmarken, die
Einzelhändlern gehören und für die nicht geworben wird. Verdammte Parasiten!

Professor Borden und seine Kollegen kamen zum Schluß, daß die
Werbung, obwohl nicht frei von Fehlern, sicher etwas ökono-
misch Positives ist.[1] Sie stimmen also mit Churchill und Roosevelt überein. Natürlich sind sie nicht mit den Schlagworten von
Madison Avenue einverstanden. Sie sind zum Beispiel der Meinung, daß die Werbung dem Verbraucher nicht genügend Informationen liefert. Eine Erkenntnis, die ich aus meiner täglichen
Erfahrung unterstreichen muß.

Es lohnt sich, in diesem Zusammenhang über den Zusammenhang von Werbung und Preis auch die Stimmen von Männern zu
hören, die ungeheuer viel Geld, das ihren Aktionären gehört, für
Werbung ausgeben. Lord Heyworth, der frühere Präsident von
Unilever, sagte:

> Werbung mobilisiert die Ersparnisse. Auf der Ver-
> kaufsseite beschleunigt sie die Umschlaggeschwin-
> digkeit des Lagers und ermöglicht so kleinere Einzel-
> handelsspannen, ohne dabei das Einkommen des
> Einzelhändlers zu beschneiden.

1 *The Economics of Advertising,* Richard D. Irwin (Chicago 1942), Seiten 25–29.

Auf der Produktionsseite ermöglicht die Werbung große Auflagen, und wer würde leugnen, daß große Auflagenzahlen zu einer Kostensenkung führen.

Im wesentlichen dasselbe wurde neuerlich von Howard Morgens, dem Präsidenten von Procter & Gamble, gesagt:

> Immer wieder haben wir es in unserer Gesellschaft erlebt, daß die Einsparungen bei den Produktionskosten eines neuen Produktes, die durch Werbung möglich wurden, wesentlich größer waren als der gesamte Werbeaufwand. Der Nutzen der Werbung spiegelt sich klar in den niederen Endverbraucherpreisen wider.

In den meisten Branchen ist der Anteil der Werbung weniger als 3 Prozent des Endverbraucherpreises. Wenn die Werbung aber abgeschafft würde, so würden Sie an der Auswirkung dieser Abschaffung mehr verlieren als gewinnen. Sie würden zum Beispiel für die *New York Times* ein Vermögen zahlen müssen, wenn keine Werbung mehr drin wäre. Und denken Sie nur, wie langweilig diese Zeitung dann wäre. Jefferson las nur eine Zeitung, »und die mehr der Anzeigen als der Neuigkeiten wegen«. Die meisten Hausfrauen würden ähnliches sagen.

Fördert Werbung die Monopolbildung?

Professor Borden fand, »daß in einigen Wirtschaftszweigen die Werbung dazu beitrug, die Nachfrage zu konzentrieren, wodurch es dazu kam, daß die Versorgung mit einer bestimmten

Ware in den Händen einiger großer Firmen vereint wurde«. Aber
er kam auch zum Schluß, daß die Werbung nicht die eigentliche
Ursache der Monopolisierung sei. Ich bin ganz seiner Meinung.
Es wird immer schwieriger für kleine Gesellschaften, neue Marken herauszubringen. Die Eintrittsgebühr zum Markt, die man in
Form von Werbung bezahlen muß, ist schon so groß, daß nur die
Giganten mit ihren riesigen Möglichkeiten es sich leisten können.
Wenn Sie mir nicht glauben, so versuchen Sie doch einmal, ein
neues Waschpulver mit weniger als 10 Millionen Dollar einzuführen.
Überdies können die großen Werbungtreibenden Anzeigenraum
und Werbezeit, da sie bei den Werbemitteln große Mengenrabatte
genießen, wesentlich billiger kaufen als ihre kleinen Konkurrenten. Die Rabatte veranlassen große Werbungtreibende, die kleinen aufzukaufen. Können sie doch denselben Werbeaufwand um
25 Prozent billiger einschalten und den Gewinn einstecken.

Verdirbt Werbung die Redakteure?

Ja. Aber viel weniger, als Sie wohl glauben. Der Herausgeber
einer Zeitschrift beschwerte sich einmal sehr aufgebracht bei mir
darüber, daß er einem meiner Kunden fünf Seiten redaktioneller
Berichterstattung gewidmet und dafür nur zwei Seiten Anzeigen
erhalten habe. Das ist aber die Ausnahme. Die große Mehrheit
der Redakteure würde so etwas nicht tun.
Harold Ross konnte die Werbung nicht leiden und schlug einmal
dem Herausgeber des *New Yorker* vor, daß alle Anzeigen auf einer Seite zusammengefaßt werden sollten. Sein Nachfolger zeigt
denselben Snobismus und läßt keine Gelegenheit vorübergehen,
»diese Anzeigenbrüder« herabzusetzen. Vor nicht allzu langer

Zeit ritt er eine seiner witzigen Attacken gegen zwei meiner Kampagnen, wobei er offenbar ganz vergaß, daß ich 1173 Seiten seines Magazins mit höchst ungewöhnlichen, bemerkenswerten Anzeigen gefüllt habe. Ich möchte es als zumindest nicht gerade wohlerzogen bezeichnen, wenn ein Magazin einerseits meine Anzeigen annimmt, sie aber dann im redaktionellen Teil angreift. Das ist genauso, als ob man jemanden zum Abendessen einlüde und ihn dann anspuckte.

Ich war oft versucht, Redakteure, die meine Kunden beleidigt haben, zu bestrafen. Als eine unserer Anzeigen für die Britische Industrie-Ausstellung in einer Nummer der *Chicago Tribune* erschien, in der auch einer von Colonel McCormicks üblen Schmähartikeln gegen Großbritannien abgedruckt war, juckte es mich, die Serie aus dieser Zeitung herauszunehmen. Das hätte allerdings bedeutet, daß wir den Mittelwesten nicht mehr vollständig erreicht hätten, und sicher wäre auch ein großes Geschrei darüber entstanden, wie die Werbung die Redakteure doch unter Druck setzt.

Kann man durch Werbung dem Konsumenten etwas Minderwertiges andrehen?

Die bittere Erfahrung lehrt mich, daß man es nicht kann. In den wenigen Fällen, in denen ich für ein Produkt warb, das bei Verbrauchertests schlechter abschnitt als ähnliche Produkte, waren die Ergebnisse immer katastrophal. Wenn ich mich sehr anstrengte, so könnte ich sicher eine Anzeige schreiben, die den Verbraucher ein minderwertiges Produkt kaufen läßt, aber nur einmal. Und bei den meisten meiner Kunden hängt der Gewinn vom wiederholten Kauf ab. Phineas T. Barnum war der erste, der

erklärte, »daß man durch Werbung für ein schlechtes Produkt
viele Menschen dazu verführen könne, dieses Produkt zu kaufen.
Aber nach einiger Zeit wird man dann doch als Betrüger ent-
larvt.« Alfred Pollitz und Howard Morgans glauben, daß die
Werbung das Verschwinden von minderwertigen Artikeln vom
Markt sogar beschleunige. Morgans sagt: »Der schnellste Weg,
um eine Marke, die qualitativ nicht in Ordnung ist, umzubringen,
ist der, stark für sie zu werben. Die Menschen erkennen dann um
so schneller die schlechte Qualität.«
Er weist dann darauf hin, daß die Werbung eine bedeutende Rolle
in der Verbesserung der Produkte spielt:

> Unsere Freunde von der Forschung bemühen sich
> ständig darum, die Dinge, die wir kaufen, zu verbes-
> sern. Aber glauben Sie mir, viele Verbesserungen sind
> der Werbung zu verdanken, weil der Erfolg der Wer-
> bung so eng mit der ständigen Verbesserung des
> Produktes zusammenhängt.
> So arbeitet Werbung und wissenschaftliche For-
> schung auf einem breiten und überraschenderweise
> sehr produktiven Weg Hand in Hand. Den direkten
> Nutzen daraus zieht der Konsument, dem immer
> mehr und bessere Produkte und Dienstleistungen
> angeboten werden.

In mehr als einem Fall bemühte ich mich, Kunden davon abzu-
halten, ein neues Produkt auf den Markt zu bringen, das nicht
beweisbar allen bereits auf dem Markt befindlichen Produkten
überlegen war. Die Werbung ist auch ein Mittel, um ein gewisses
Qualitäts- und Service-Niveau aufrechtzuerhalten. Sir Frederic
Hooper von Schweppes schreibt:

Werbung garantiert Qualität. Eine Firma, die beträchtliches Geld dafür aufgewendet hat, dem Verbraucher die Vorzüge eines Produktes darzulegen und ihn so eine stets gleichbleibende Qualität erwarten läßt, kann es sich nicht leisten, diese Qualität später zu vermindern. Manchmal ist die Öffentlichkeit leichtgläubig, aber diese Leichtgläubigkeit geht nicht so weit, daß offenkundig minderwertige Artikel dauernd gekauft werden.

Als wir die KLM in unserer Werbung als »pünktlich« und »verläßlich« bezeichneten, erließ die oberste Geschäftsleitung der KLM ein Rundschreiben an ihr Personal, sich dieses Versprechens der Werbung bewußt zu sein. Man kann ruhig sagen, daß eine gute Werbeagentur die Interessen des Konsumenten bei der Industrie vertritt.

Ist Werbung nur Lüge?

Schon lange nicht mehr. Die Angst, es mit der Bundeshandelskommission (Federal Trade Commission) zu tun zu bekommen – und diese Fälle werden ja nunmehr in den Zeitungen behandelt –, ist heute schon so groß, daß einer unserer Kunden mir drohte, seinen Etat sofort einer anderen Agentur zu geben, wenn einer unserer Spots von der FTC als unwahr angeprangert würde. Der Rechtsberater von General Foods verlangte von unseren Textern den Beweis, daß Open-Pit-Barbecue-Sauce wirklich einen »altmodischen Duft« habe, bevor er gestattete, diese harmlose Behauptung in einer Anzeige zu verwenden. Der Verbraucher wird mehr geschützt, als er es weiß.

Es gelingt mir nicht immer, mit den sich häufig ändernden Grundsätzen, die von den verschiedenen für die Werbung zuständigen Körperschaften aufgestellt werden, Schritt zu halten. So sind zum Beispiel die Bestimmungen der kanadischen Regierung für Heilmittelwerbung ganz andere als die in den Vereinigten Staaten. Einige amerikanische Staaten verbieten es, daß in Whisky-Anzeigen der Preis genannt wird, wogegen andere wieder darauf bestehen. Was in einem Staat verboten ist, ist in dem anderen zwingend vorgeschrieben. So kann ich nur zu dem einen Grundsatz Zuflucht nehmen, der mich immer leitete: Schreibe nie eine Anzeige, die du nicht deiner eigenen Familie zeigen würdest.

Dorothy Sayers, die Anzeigen schrieb, bevor sie Kriminalromane und anglokatholische Essays verfaßte, sagt: »Offene Lügen sind gefährlich. Die einzigen Waffen, die man hat, sind ›suggestio falsi‹ und ›suppressio veri‹.« Ich bekenne mich schuldig, selbst auch einmal »suggestio falsi« – oder wie wir es in Madison Avenue nennen würden, ein »Wiesel« gebaut zu haben. Allerdings wurde zwei Jahre später mein Gewissen von einem Apotheker beruhigt, der entdeckte, daß die Behauptung, die ich damals offenbar fälschlicherweise aufgestellt hatte, in Wirklichkeit richtig war.

Ich muß allerdings gestehen, daß ich mich dauernd der »suppressio veri« schuldig mache. Es geht sicher zu weit, wenn man vom Werbungtreibenden verlangt, die Nachteile seines Produktes genau zu beschreiben, und es muß verziehen werden, wenn er versucht, die besonders positiven Seiten herauszustreichen.

Kaufen Menschen wegen der Werbung Dinge, die sie nicht brauchen?

Wenn Sie der Meinung sind, daß die Menschen Deodorants nicht brauchen, so steht es Ihnen natürlich frei, die Werbung deswegen zu kritisieren, daß sie 87 Prozent der amerikanischen Frauen und 66 Prozent der amerikanischen Männer dazu bewog, Deodorants zu verwenden. Wenn Sie glauben, daß die Menschen kein Bier brauchen, so haben Sie ebenfalls recht, wenn Sie die Werbung tadeln, weil sie 58 Prozent der erwachsenen Bevölkerung veranlaßt, Bier zu trinken. Wenn Sie mit dem Reiseverkehr, dem persönlichen Komfort der Menschen und dem Automobilismus nicht einverstanden sind, so ist es Ihr gutes Recht, die Werbung zu verurteilen, weil sie derlei verwerfliche Dinge noch fördert. Wenn Sie die Wohlstandsgesellschaft für unerwünscht halten, so haben Sie recht, wenn Sie die Werbung dafür verantwortlich machen, daß die Menschen danach streben.
Wenn Sie ein solcher Puritaner sind, so kann ich mit Ihnen nicht diskutieren. Ich kann Sie nur einen psychischen Masochisten nennen, und ich kann so wie Erzbischof Leighton nur beten: »O Gott, erlöse mich von den Irrtümern der weisen Menschen und von den ach so guten Menschen.«
Der gute alte John Burns, der Vater der Arbeiterbewegung in England, pflegte zu sagen, »die Tragödie der arbeitenden Klasse bestünde in der Armseligkeit ihrer Wünsche«. Ich glaube nicht, daß ich mich zu entschuldigen brauche, wenn ich die arbeitende Klasse zu einer etwas weniger spartanischen Lebensführung bringen will.

Sollte man sich in der Politik der Werbung bedienen?

Ich glaube nicht. Seit einigen Jahren gilt es unter den politischen
Parteien als vornehm, Werbeagenturen zu beschäftigen. 1952
machte mein alter Freund Rosser Reeves für General Eisenhower
Werbung, als ob er eine Tube Zahnpasta wäre. Er produzierte
50 Fernsehspots, in denen der General handgeschriebene Briefe
vorlas, in welchen er Fragen imaginärer Bürger beantwortete.

> Bürger: Herr Eisenhower, was sagen Sie zu den
>   hohen Lebenshaltungskosten?
> General: Meine Frau Mammie hat genau dieselben
>   Sorgen. Ich sage ihr, daß wir das am
>   14. November ändern müssen.

Während der Aufnahmen konnte man den General sagen hören:
»Unglaublich, zu was ein alter Soldat herhalten muß.«
Unsere Agentur lehnt Werbung für politische Parteien aus folgen-
den Gründen ab:

1. Wir finden es äußerst vulgär, einen Staatsmann mit
   Mitteln der Werbung zu verkaufen.
2. Wenn wir einen Demokraten betreuten, wäre dies
   unfair gegenüber unseren republikanischen Mitarbeitern und umgekehrt.

Ich rede allerdings meinen Kollegen immer gut zu, ihre staatsbür-
gerliche Pflicht, für eine politische Partei tätig zu sein, zu erfüllen,
aber eben als Einzelpersönlichkeit. Wenn eine Partei oder ein
Kandidat technische Ratschläge über die Werbung braucht, wie
zum Beispiel über Kauf von Sendezeit für die Übertragung politi-

scher Versammlungen, so möge er freiwillige Experten beschäftigen, die er zu einem Ad-hoc-Komitee zusammenschließt.

Soll die Werbung für gute Werke nichtpolitischer Art eingesetzt werden?

Wir Werbeleute empfinden eine gewisse Befriedigung, wenn wir für eine gute Sache arbeiten. Geradeso wie Chirurgen häufig Arme unentgeltlich operieren, so entwerfen wir Werbefeldzüge um Gotteslohn. Meine Agentur schuf zum Beispiel die erste Kampagne für Radio Free Europe, und in jüngsten Jahren haben wir Werbefeldzüge für die amerikanische Krebsforschung, für das Amerikanische Komitee für die Vereinten Nationen, den Ausschuß »Haltet New York rein« und das Lincoln Centre für darstellende Künste entworfen.

Diese Werbefeldzüge kosteten uns ungefähr 250 000 Dollar, was etwa den Einkünften bei einem Umsatz von 12 Millionen Dollar entspricht. 1959 wurde ich von John D. Rockefeller und Clarence Francis gebeten, das Lincoln Centre, welches damals erst geplant wurde, mehr in das Bewußtsein der Öffentlichkeit zu rücken. Eine Befragung zeigte, daß nur 25 Prozent der erwachsenen Bevölkerung New Yorks je etwas vom Lincoln Centre gehört hatten. Am Ende unserer Kampagne nach einem Jahr waren es bereits 67 Prozent. Als ich unsere Pläne präsentierte, sagte ich:

Die Menschen, die die Idee für das Lincoln Centre hatten, und vor allen Dingen die Stifter, die viel zu dessen Verwirklichung beigetragen haben, wären sehr enttäuscht, wenn die New Yorker das Lincoln Centre als ein Vorrecht der oberen Zehntausend betrachteten. Wir müssen deshalb das richtige Image schaffen. Das Lincoln Centre ist für alle da.

Ein Test, den wir am Ende der Kampagne durchführten, zeigte, daß wir unser Ziel erreicht hatten. Wir befragten in Interviews die Menschen, welchen der beiden Sätze sie für richtiger halten:

Die Mehrheit der Bevölkerung
von New York und Umgebung wird
früher oder später das Lincoln
Centre besuchen.   76 Prozent
Das Lincoln Centre ist nur für
reiche Leute.   4 Prozent

Die meisten Kampagnen für wohltätige Zwecke werden von einer Agentur durchgeführt. Aber im Falle des Lincoln Centres arbeiteten BBDO, Young & Rubicam, Benton & Bowles und wir zusammen. Ein höchst bemerkenswertes, harmonisches Quartett. Die Fernsehspots wurden von BBDO produziert, und das New Yorker Fernsehen stellte für diese Spots Sendezeit im Wert von 600 000 Dollar zur Verfügung. Die Rundfunkdurchsagen kamen von Benton & Bowles, und die Radiostationen spendeten Zeit im Wert von 100 000 Dollar. Die Anzeigen wurden von Young & Rubicam und uns gestaltet und erschienen gratis in *Reader's Digest, The New Yorker, Newsweek* und *Cue*.
Als wir die Kampagne »Haltet New York rein« übernahmen, war die Anzahl der Straßen, die als sauber bezeichnet wurden, bereits von 56 Prozent auf 85 Prozent angestiegen. So nahm ich an, daß die noch schmutzigen Straßen von unheilbaren Barbaren bewohnt werden, die von dem freundlichen Slogan der früheren Agentur, »Helfen auch Sie mit, New York sauberzumachen«, in keiner Weise beeindruckt wurden.

Durch eine Befragung kamen wir darauf, daß die Mehrzahl der New Yorker nicht wußte, daß man mit 25 Dollar bestraft werden kann, wenn man Abfall auf die Straße wirft. Wir starteten deshalb einen ziemlich harten Werbefeldzug, der diese unordentlichen Kerle mit dem Gefängnis bedrohte. Gleichzeitg veranlaßten wir das New Yorker Gesundheitsamt, uniformierte Patrouillen auf Motorrollern durch die Straßen zu schicken, um die Übeltäter auf frischer Tat zu ertappen. Die Zeitungen und Zeitschriften stellten in noch nie dagewesenem Ausmaß für unsere Anzeigen gratis Anzeigenraum zur Verfügung. In den ersten drei Monaten gab uns die New Yorker Fernseh- und Radiostation 1105 Gratiseinschaltungen für Spots. Nach vier Monaten waren 39 004 gerichtliche Anzeigen erfolgt, und die Behörden taten ihre Pflicht.

Ist Werbung vulgär und langweilig?

C. A. R. Crosland poltert in *The New Statesman*, daß »Werbung oft vulgär, grell und aggressiv ist, sowohl bei den Ausführenden wir auch bei den Zuschauern einen starken Zynismus verursacht und den Charakter durch die dauernde Vermengung von Lüge und Wahrheit verdirbt«.

Dies scheint mir die häufigste gegen die Werbung vorgebrachte Anklage gebildeter Menschen zu sein. Ludwig von Mises nennt die Werbung »schrill, lärmend, ungeschliffen und marktschreierisch«, und er beklagt sich darüber, daß seriöse Werbung die Öffentlichkeit offenbar nicht anspreche. Ich neige eher dazu, die Werbungtreibenden und die Agenturen dafür verantwortlich zu machen, und möchte mich selbst nicht ausnehmen. Ich muß zugeben, daß ich nicht beurteilen kann, was die Öffentlichkeit schockiert. Es passierte mir zweimal, daß ich Anzeigen entwarf,

die mir gänzlich harmlos schienen, die aber dann als unanstän-
dig verschrien wurden. Die eine war eine Anzeige für Lady-
Hathaway-Hemden, die eine schöne Frau in Samthosen zeigte,
die rittlings auf einem Sessel saß und eine lange Zigarre rauchte.
Mein zweites Vergehen war ein Fernsehspot, in welchem wir
das Ban Deodorant in die Achselhöhle einer griechischen Sta-
tue strichen. In beiden Fällen entflammte die Symbolik, die mir
gänzlich entgangen war, die offenbar reichlich unanständigen
Seelen.
Mich beleidigt Unanständigkeit viel weniger als geschmackloser
Satz, banale Fotografie, ungeschickte Texte und billige Werbelieder. Man kann diesen Scheußlichkeiten in Zeitschriften und Zeitungen leicht entgehen, nicht aber im Fernsehen. Ich gerate in
Weißglut, wenn das Programm von Werbespots unterbrochen
wird. Sind denn die Herren der Fernsehstationen so geldgierig,
daß sie so offensichtlichen Beleidigungen der Menschenwürde
nicht widerstehen können? Sie unterbrechen sogar die Inaugura-
tion von Präsidenten und die Krönung von Monarchen.
Aus der Praxis weiß ich, daß das Fernsehen das wichtigste Medium ist, und ich lebe ja auch zu einem großen Teil davon. Aber
als Privatperson würde ich für den Vorzug, Fernsehen ohne
Werbespots sehen zu können, gerne etwas bezahlen. Moralisch
gerate ich da zwischen die Mühlsteine.
Madison Avenue wurde durch das Fernsehen zu einem Symbol
des geschmacklosen Materialismus. Wenn die Regierungen nicht
bald durch entsprechende Maßnahmen das Fernsehen in die
Schranken weisen, so ist zu befürchten, daß die Mehrheit der
denkenden Menschen mit Toynbee übereinstimmen wird, der
meint, daß »die Zukunft unserer westlichen Zivilisation vom
Ausgang unseres Kampfes gegen all das, was Madison Avenue
repräsentiert, abhängt«. Ich habe ein entscheidendes Interesse am

Überleben von Madison Avenue, aber ich bin nicht sicher, daß sie ohne drastische Reformen überleben kann.

Hill & Knowlton ist zu entnehmen, daß die Mehrheit der meinungsbildenden Menschen heute glaubt, die Werbung fördere Werte, die zu materialistisch sind. Für mein tägliches Brot besteht ernste Gefahr durch die Tatsache, daß das, was heute die meinungsbildenden Kreise denken, morgen die Mehrheit der Wähler denken wird. Nein, meine liebe Schwester, Werbung sollte nicht abgeschafft werden, aber sie muß reformiert werden.

Register

Gernot Brauer

99mal PR

224 Seiten, gebunden mit Schutzumschlag

Wollen Sie wissen, wie nach allen Regeln der Kunst eine Pressemeldung abgefaßt werden muß? Wollen Sie wissen, wie Sie mit Journalisten aus allen Medien umgehen müssen? Wollen Sie wissen, was bei der Vorbereitung einer Pressekonferenz oder einer sonstigen Event-Veranstaltung zu berücksichtigen ist? Wollen Sie PR-Maßnahmen auch in Ihre innerbetrieblichen Strukturen einbauen und oder gewinnbringend verankern? Auf all diese und eine große Vielzahl weiterer Fragen gibt Gernot Brauer in seinem neuen Buch Antwort. Er geht dabei das ganze Kompendium des PR-Instrumentariums durch bis zu hochkomplexen Verflechtungen von Unternehmensinteressen, Standortgegebenheiten, politischen Bezügen und ihren wechselseitigen Beziehungen. Dieses Buch erlaubt einen treffsicheren Zugriff auf alle relevanten Informationen oder Hilfsinformationen oder Hintergrundinformationen für unzählige Situationen der PR-Praxis, die sich an jedem Schreibtisch in irgendeiner Form von Unternehmen (nicht nur denen der PR-Verantwortlichen!) tagtäglich ergeben.

ECON Verlag · Postfach 30 03 21 · 40403 Düsseldorf

Willi Schalk / Helmut Thoma / Peter Strahlendorf (Hrsg.)

Jahrbuch der Werbung 1996

in Deutschland, Österreich und der Schweiz

816 Seiten, gebunden mit Schutzumschlag

Die großen Massenbewegungen haben sich in viele kleine und kleinste Einheiten zersplittert. Verbraucher wollen individuelle Produkte, die Anbieter offerieren diese den immer kleiner werdenden Zielgruppen, man denke beispielsweise nur an die neue Rolling-Stones-Kollektion des VW Golf. Analog dazu erfolgt auch die Ansprache der Konsumenten in immer differenzierterer Form.

Das Jahrbuch der Werbung greift diesen Trend zur Individualisierung im Hinblick auf Marketing und Kommunikation auf. Anhand einer Reihe von Beiträgen und Fallstudien aus unterschiedlichen Märkten wird das Thema in seinen verschiedenen Facetten beleuchtet und zugleich praxisnah aufbereitet.

Daneben werden in diesem Jahrbuch der Kommunikationsplatz Köln beschrieben, mit BBDO die größte deutsche Agenturgruppe porträtiert und Kai Hiemstra, eine der visionärsten Persönlichkeiten der Kommunikationsszene, vorgestellt. Natürlich präsentiert das Buch auch wieder die 500 besten Kampagnen aus Deutschland, Österreich und der Schweiz.

ECON Verlag · Postfach 30 03 21 · 40403 Düsseldorf

Manfred F. R. Kets de Vries

Leben und Sterben im Business

240 Seiten, gebunden mit Schutzumschlag

Manfred Kets de Vries hat einen völlig neuen Ansatz entwickelt, um den Erfolg oder Mißerfolg von Unternehmen zu erklären: Er geht von den menschlichen Schwächen der Manager aus. Das aber heißt, Tabus zu brechen, denn unter der gepflegten Oberfläche leidet so mancher Manager an (selbst)zerstörerischen Verhaltensmustern: an Workaholismus, überzogenen Schuldgefühlen, Realitätsverlust und der unter Topleuten weitverbreiteten Krankheit der Vereinsamung. Im Extremfall wird die Firma zum Spiegelbild der Seele ihres Geschäftsführers: So gibt es zwangsläufig paranoide, zwanghaft handelnde und depressive Unternehmen.

Siehe Henry Ford: Weil dieser unter dem Schuldgefühl litt, den väterlichen Hof verlassen zu haben, war sein Hauptantrieb im Berufsleben, das Los der Farmer zu erleichtern. Folgen seines inneren Konfliktes: Jahre später hat der gleiche Verhaltenscode ihn zu einer rigiden und irrationalen Führungspersönlichkeit gemacht und die Firma fast in den Ruin getrieben.

ECON Verlag · Postfach 30 03 21 · 40403 Düsseldorf